巡礼など民衆文化のさまざまな側面には必ず居酒屋がからんでいたので、一貫したテーマ選択になっている。

本書はもともと、大学の講義用テキストとして企画されたものである。だから、なるべく簡単な「読み物」にするよう心がけたが、事の都合上、少し詳しく解説している場合もある。全体としておおかに読んでいただければありがたい。専門家で、事実関係の典拠を知りたい読者は（たぶんいないと思うが）、巻末の参考文献を参照してほしい。図版も、著者撮影のものをのぞいて参考文献からのものである。

文書館資料については、バイエルン州シュローベンハウゼン市立文書館のマックス・ディレクター氏にお世話になった。シュローベンハウゼン市郊外の聖マルティン教区のクリストーフ・ロイトゲープ司祭には、実際の聖体祭に参加する機会を提供してもらった。さらに、アウクスブルク司教区ヴァイトホーフェン教区連合のフランツィスカ・クリング氏、シュローベンハウゼン教区のベルンハルト・ハンケ氏、トリーア司教区トリーア・エーラング教区のヴィルヘルム・クンツェン氏、トリーア・キリストケーニヒ教区のヴィンネベック氏、トリーア・聖十字架教区のアンネローア氏から重要な情報を頂いた。いずれも記して感謝したい。

最後に、ゴミになりかけていた原稿を「拾って」、りっぱな本に仕上げていただいた昭和堂の村井美恵子さんにも深く感謝したい。

本書を二〇〇九年二月一四日のヴァレンタインデーに逝った父路雄に捧げる。

二〇〇九年九月一五日

下田　淳

ドイツの民衆文化　目次

第一章　ドイツ史のなかの祭り

第一節　暦と祭り

語源にみる祭り

漢和辞典によると、日本語の「祭る」は「祀る」とも書く。もともと「祭」は神前に供物をそなえること、「祀」は何かを神として崇拝することを意味したらしい。合わせて「祭祀」というが、神様を奉ることとやそのための儀式など、宗教行事を意味したことになる。

祭り・祝祭を、ドイツ語では「フェスト」Fest や「ファイアー」Feier という。英語では「フェスティヴァル」Festival や「フィースト」Feast などという。語源的にはすべてラテン語の同じ系列に由来する。ドイツ語の「フェスト」はラテン語の「フェーストゥム」festum からの借用である。「フェーストゥム」は「宗教行事のために捧げられた日」を意味した。「ファーヌム」fanumという「聖所・寺院」を意味する語も同系語である。「ファイアー」はラテン語の「フェーリアエ」feriaeに由来する。「休日」という意味である。ドイツ語で祭りなどを「祝う」ことを「ファイエルン」feiernというが、この語はもともと「仕事を休む」という意味であった。

要するに祭りは、労働を休んで宗教行事を行う日、あるいは宗教行事そのものを意味した。このように、日本でもヨーロッパでも祭りは宗教儀式であった。とはいっても、かつては俗事も宗教と一体となっていた。ちなみに、中世ドイツ語の「フェスト」には「楽しい行事」という意味が付け加わった。

ユダヤ教の祭り

祭りは、宗教行事といっても俗事と結びついていた。ユダヤ人の間では、家族や部族内で人生の節目が祝われた。離乳、割礼、結婚、埋葬などである。収穫祭のような農事も王の戴冠式のような政治的出来事も祭りであった。ユダヤの太陽太陰暦では新月の日が祝われた。新月は王をかこんで祝宴の機会であった。

ユダヤ人の重要な祭りとしてまず挙げられるのは、春の月、ニサン（現在の三月から四月に当たる）の満月の夜に行われた過越祭である。これはもともと遊牧民としてのユダヤ人の羊飼いの祭りであった。春、新しい牧草が生える前の、羊を守護する祭りだったらしい。パレスティナに移住してからは、羊あるいは子山羊を屠殺し、共同で食した。生贄の羊の血を家の戸口に塗って悪霊祓いをした。

過越祭の直後から七日間、豊作を神に感謝するマツォット祭を祝う。大麦の初穂の束を神に捧げ、マツォット（酵母をいれないパン）を七日間食べる。この間、すべての男子はエルサレムの神殿に巡礼する義務があった。過越祭とマツォット祭は一つになって、ユダヤ教暦のなかで「出エジプト」（救済）と結びついた。エジプトからの解放を神に感謝する祭りとなった。

マツォット祭の始まりから七週間後、つまり過越祭後五〇日目（五月か六月頃）に小麦の収穫祭として七週祭を祝った。この祭りは後に「モーセの十戒」（神との契約）に結び付けられた。

秋の仮庵祭は、ぶどうの収穫祭であった。この名前は、ぶどうの収穫期に監視の仮小屋を建てたことによる。祭りは七日間続いた。仮庵祭は一年を締めくくる最も重要な祭りであった。もともとのユダヤの新年はこの仮庵祭から始まる。つまりその年の収穫を神に祈る祭りであった。後に、年始はバビロニアの影響で春のニサンの月に移された。また、仮庵祭も「出エジプト」（新たな出発）に関係付けられ、現在では律法感謝祭となっている。七週祭も仮庵祭も、エルサレムへの巡礼が義務付けられた。

ちなみに、過越祭が後のキリスト教の復活祭に、その五〇日後の七週祭が聖霊降臨祭の元となったとする説もある。

こうしてみると、ユダヤの祭りはもともと、農事の願いごとを神に頼み、その成就を神に感謝したものであった。それが後にユダヤ人の神話・物語（たとえば出エジプト）に結び付けられて、ユダヤ教暦へと発展していったと理解できる。

キリスト教暦の成立

新約聖書はユダヤの祭りとして、サバト（安息日）、過越祭、七週祭、仮庵祭、神殿清め祭のみに言及している。神殿清め祭は、紀元前一六四年のマカバイの勝利による神殿の再聖別（お清め）の記念祭である。

キリスト教暦はユダヤ教暦から一週七日制を採用した。ユダヤ教暦では、週の終わりの安息日は土曜日であった。キリスト教徒はイエスの復活をユダヤの週の第一日目とすることによって、日曜日を安息日とした。日曜日は主の日となり、最後の晩餐を再現する日、つまりミサで聖体拝領（聖餐式）をおこなう日となった。日曜日はキリスト教で最初につくられた祭りといえよう。

論争を経て、復活祭は三二五年のニケーア公会議で春分の日の後、最初の満月を経た日曜日におちついた。主の降誕日（クリスマス）は四世紀のローマで一二月二五日に祝っていたが、これが徐々に定着していった。それ以前は一月六日をクリスマスとした地域もあったが、この日は御公現祭となった。アルメニア教会のみ、現在も一月六日をイエス降誕日、洗礼日として祝っている。マリアの祭日は五世紀から始まり、とくに中世になって増えた。殉教者の命日を祝う習慣、後の聖人祭は二世紀に見出せるが、キリスト教公認後（三一三年）に一般化した。

誕生日を祝うのはキリスト、マリア、洗礼者ヨハネだけである。誕生日を祝う習慣はユダヤにもローマにも、そしてゲルマン人にもなかったと思われる。個人の誕生日を祝う習慣はプロテスタントによる近代の産物である。

マリアの祭り、聖人祭は一六世紀以降さらに増加していった。一般的な祭りの他、個別の国、地域、司教区、修道院などの祭りもある。だから、カトリック教会暦は祭りに満ち溢れている。また、祭りが重要度に応じて等級付けされているのも特徴である。

一六世紀初頭の宗教改革は聖人崇拝を否定したので、プロテスタントは多くの祭りを削減した。とくにカルヴァンの宗派＝改革派は、祭りをイエスの降誕祭（クリスマス）、割礼（新年）、死（聖金曜日）、復活祭、昇天祭（復活祭四〇日目）、聖霊降臨祭（復活祭五〇日目）といったイエスにまつわる出来事のみに限定するほど急進的であった。しかしプロテスタント地域でも、現実には多くの祭りが残存した。

現在では、教会暦とは別に法定祝祭日を、国家、ドイツでは州政府が規定している。

市民暦

太陰暦は月の満ち欠けに従う。周期は、二九・五三〇五八九日で、現在も使用されているイスラム暦では一か月を二九日か三〇日としている。一年を一二か月とすると、太陰年は三五四・三六七〇六八日となり、イスラム暦の一年は三五四日または三五五日である。

しかし、地球の公転周期、季節の循環する太陽年は三六五・二四二二日であるので、太陰暦では太陽年に約一一日不足する。太陰暦を季節に合わせるため、この約一一日分を補うよう作られたのが太陰太陽暦である。太陰太陽暦は、閏月（一三か月）の導入によって約一一日分の不足の解消を試みた。古代ギリシアで紀元前四三三年に採用されたメトン法は一九年間に七回の閏月を入れるもので、中国では章法と呼ばれ、紀元前二四六年に秦で採用された。太陰太陽暦はユダヤ、バビロニア、インド、日本など多くの地域で使用された。ローマの暦は最初、一月から一〇月（現在の三月が年始）までの計三〇四日で、冬の約六〇日には名がなかった。後に一二か月に増え、閏月が導入されて太陰太陽暦となった。

太陽の運行のみを基礎とする太陽暦は、紀元前三〇〇〇年頃エジプトで成立した。一年を三六五・二五日とし、四年に一回閏年（閏日）を設けるものである。ユリウス・カエサルは、これを紀元前四六年にローマに導入した（ユリウス暦）。三六五日×三年の後で閏年の三六六日が来る。

しかし、太陽暦は正確には三六五・二四二二日であるから、ユリウス暦は長すぎる。この違いは積もり積もって一六世紀には一〇日にもなっていた。教皇グレゴリウス一三世は、ユリウス暦の誤差一〇日間を暦から省いて、一五八二年一〇月四日の翌日を一〇月一五日とし、さらに閏年の規則を以下のようにした。西暦年が四で割り切れる年を閏年とする。ただし一〇〇で割り切れても四〇〇で割り切れない年は平年とする。閏日は二月二九日とする。これで四〇〇年に九七回閏年をおくことになる。これが、現在われわれが使用している西暦（グレゴリオ暦）である。

年始の期日は、ローマではユリウス暦導入とともに三月一日から一月一日に移された。エジプトの太陽暦の年始は夏至（六月二一日頃）であった。古代中国ではもともと冬至（一二月二二日頃）を年始とした。

ユリウス暦由来の一月一日は、その後広く年始として定着していったが、中世を通じて、その異教的由来により教会には好まれなかった。

年始はさまざまであった。復活祭に近い三月一日は、八世紀までフランク帝国で使用された。イタリアのヴェネチアでは一七九七年まで、ロシアでは一三世紀末まで、三月一日が年始であった。九月一日は、七世紀以来のビザンティン帝国、その影響で南イタリアやロシア、バルカン半島でも年始とされた。復活祭を年始とするのは、この日が移動祭日ゆえ実用的ではなかった。しかし、フランスやドイツ西部では一五世紀まで使用された。クリスマス年始はドイツ、イギリス、スカンディナヴィアの諸地域で愛用された。ドイツの神聖ローマ帝国官房では、一六世紀にいたるまでクリスマス年始を使用した。マリアへの受胎告知の三月二五日年始はイタリア地域で成立し、マリア崇拝の影響でドイツ西部のトリーア地域に広まった。イギリスでもクリスマスとともに、一二世紀からは三月二五日年始の地域があった。同じ国のなかで地域によって異なる場合もあった。一八世紀になると近代国家は暦や祭日を法制化しようと試みた。イギリスでは一七五二年に一月一日が公式に年始となった。

民衆の間では独自の暦が存在していた。ドイツのバイエルン地方のカトリック農村地域では、一九世紀にいたっても一月六日の御公現祭を年始としていた。

市民暦にも、キリスト教会の影響が、少なからず影響していたことがわかる。

現在使用されているグレゴリオ暦はイタリア、フランスなどカトリック諸国ではすぐに採用されたが、プロテスタント諸国はユリウス暦に固執し、グレゴリオ暦採用が一八世紀にもちこされた。正教圏でグレゴリオ暦が採用されたのは二〇世紀になってからである。日本は明治に入って採用した。

第二節　ドイツの教会暦と祭り

現在の教会暦

現在、カトリック教会暦の一年は待降節（アドヴェント）第一日曜日で始まる。アドヴェントとはクリスマスを準備する一か月間で、一一月三〇日（聖アンドレアス祭）に最も近い日曜日に始まる。一年の終わりは一一月の王キリスト祭（アドヴェント直前の日曜日）である。

ドイツのプロテスタントの大部分はドイツ福音教会にまとまっている。ドイツ福音教会の教会暦は、アドヴェント第一日曜日に始まり、一一月の死者慰霊祭（アドヴェント前の日曜日）に終わる。したがって、教会暦の始めと終わりは両派共通である。表1は二〇〇五年度の教会暦で、現在のドイツの主な祭りを入れてみた。

アドヴェント

現在のアドヴェントの習慣にアドヴェント環がある。一八六〇年頃にヨハン・ハインリヒ・ヴィッヒェルンという人が子どもたちのために発明したもので、最初は二四本の蝋燭のついた大きな車輪であった。後に、もみの枝を編んだものに四本の赤い蝋燭を立て、胡桃などで飾る現在のものとなった。最初はプロテスタント地域の習慣であった。蝋燭は、来るべき光、つまり暗闇の世界を明るくするイ

Der Adventskranz trägt vier Kerzen auf einem mit Immergrün geschmückten Holzkranz. An jedem der vier Sonntage im Advent wird eine weitere Kerze angezündet.

図 1　アドヴェント環。Fischer, p.91.

エス誕生のシンボルで、アドヴェント日曜日ごとに一本づつ点火される（図1）。

アドヴェントカレンダーは、カレンダーの日にちに二四個の穴を開けチョコレートなどで飾ったものである。子どもたちは一日ごとそれを抜き取って、クリスマスを待つ。この原形は一五世紀といわれる。また、この時期に各地にたつマーケット（市）はドイツの風物詩となっている。

アドヴェントの時期に、カトリックは聖バーバラ祭（一二月四日）と聖ニコラウス祭（一二月六日）を祝う。後者はプロテスタントでもおこなわれる。二聖人とも一四救護聖人に数えられている。

聖バーバラは、伝説によれば三〇〇年頃小アジア（今のトルコ）に生活していた。彼女はキリスト教徒になりたかったが、父親は賛

表1　2005年度の教会暦「2004年-2005年」（カ＝カトリック、プ＝プロテスタント）

アドヴェント第一日曜日 聖バーバラ祭（カ） アドヴェント第二日曜日 聖ニコラウス祭 アドヴェント第三日曜日 聖ルチア祭（カ） アドヴェント第四日曜日	11月28日 12月4日 12月5日 12月6日 12月12日 12月13日 12月19日	待降節
クリスマス（第一日目） クリスマス（第二日目） 新年 御公現祭	12月25日 12月26日 1月1日 1月6日	降臨節
マリアお清め祭（カ） 聖ブラジウス祭（カ）	2月2日 2月3日	御公現祭後の節
灰の水曜日 四旬節第一日曜日 四旬節第二日曜日 四旬節第三日曜日 四旬節第四日曜日 四旬節第五日曜日 枝の主日 聖木曜日 聖金曜日 聖土曜日	2月9日 2月13日 2月20日 2月27日 3月6日 3月13日 3月20日 3月24日 3月25日 3月26日	四旬節・受難節＝日曜を除く40日間
復活祭日曜日 復活祭月曜日 復活節第二日曜日 復活節第三日曜日 復活節第四日曜日 復活節第五日曜日 復活節第六日曜日 キリスト昇天祭（木曜日） 復活節第七日曜日	3月27日 3月28日 4月3日 4月10日 4月17日 4月24日 5月1日 5月5日（復活祭後40日目） 5月8日	復活節
聖霊降臨祭日曜日 聖霊降臨祭月曜日 三位一体祭	5月15日（復活祭後50日目） 5月16日 5月22日（聖霊降臨後第一日曜日）	聖霊降臨祭節
聖体祭（カ） 洗礼者ヨハネ祭（カ） ペテロ・パウロ祭（カ） マリア被昇天祭（カ） 聖ミカエル祭（カ）	5月26日（聖霊降臨後第二木曜日） 6月24日 6月29日 8月15日 9月29日	三位一体祭後の節

収穫祭（プ）	10月第一日曜日	
宗教改革祭（プ）	10月31日	
万聖人祭（カ）	11月1日	
万霊祭（カ）	11月2日	
聖マルティン祭（カ）	11月11日	
贖罪と祈りの日（プ）	11月16日(死者慰霊祭前水曜日)	
王キリスト祭（カ）	11月20日(教会暦最後の日曜日)	
死者慰霊祭（プ）	同	

出典：*Seit Liturgischer Kalender*, 2005などから著者作成。

成しなかった。父親は彼女を塔に閉じ込めた。その間父親は商用の旅に出ていた。しかし、彼女はキリスト教の洗礼を受けることに成功した。父親はバーバラを牢屋にいれ、拷問させた。最後に父親はバーバラを剣で殺した。その直後父親に雷がおち、彼は焼け死んだ。投獄される途中の道で、バーバラが実のない西洋桜の枝に触れたのは冬であった。枝は彼女の服についたままであった。この枝を彼女は獄の水溜りに置いた。彼女が死んだ日、それは咲き始めた。

昔から、人はバーバラ祭の夜明け前に、庭の西洋桜あるいはプラムやレンギョウの枝を切って、水に浸した。あるいは皿に種をいれ水に浸した。クリスマスに花や芽がでたら、翌年は幸運になると信じた。少女は翌年結婚できる。翌年の希望を書いた紙を枝にかける習慣もあった。この習慣は現在でもおこなわれている。バーバラは炭坑夫、建築師、消防士、兵士などの守護聖人である。また、古くから火事除け、疫病除け、雷除けとして崇拝されてきた。

聖ニコラウスは、四世紀のミラ（小アジア）の司教であった。伝説によれば、かつてミラに大飢饉があった。穀物を積んだたくさんの船が港についたとき、ニコラウスはそれを分けてくれるよう頼んだ。船乗りは多くの穀物を運び出した。船は港に停泊したままであった。こうしてミラは救われた。彼は心が広く、子どもに優しかったといわれる。生徒、商人、船乗りの守護聖人となっている。

ニコラウスはサンタクロースのモデルといわれるが、ドイツではもともと、子どもたちに褒美と罰を与えるキリストキント（幼児キリスト＝神）の使いであった。この日、ニコラウスは下僕ループレヒト（地域によって、クランプス、クラウバウフなど呼び名はさまざま）を伴い、良い子には褒美を、悪い子には罰を与える。また、ニコラウス祭前夜、子どもたちは戸口に長靴を置く。翌日の朝、それにお菓子などが入っている。長靴の代わりに、一本の紐に多くの靴下を吊ることもある。祭りではニコラウスに扮した男が下僕ループレヒトを伴って登場し、鞭で子どもを驚かす。この習慣の原形は中世からおこなわれていた（図2）。

一二月一三日は聖ルチア祭である。伝説によれば、イタリアのシチリアでキリスト教徒が迫害された際、ルチアは夜、彼らに食物を運んだ。その際、彼女は頭に明かりの環をのせた。三〇四年、火刑に処されたが、炎は彼女の何も害さなかったので、斬首された。信仰のために死んだ殉教者であった。多くの地域で、人びとは蝋燭を灯す。ルチアの光と呼ばれる。この祭りは、とりわけスウェーデンで盛大に祝われる。暗い北欧において光は重要な意味をもった。

それはドイツでも同じであった。南ドイツのある地域では、かつて家型の箱に蝋燭を灯し、日本の灯籠流しのように川に流す風習があった。一時廃れたが現在復活している地域もあるという。南ドイツの古い言い伝えでは、ルチア祭前夜、ルッツェルフラウと呼ばれる魔女が徘徊するという。人びとは彼女に供物を供え（おそらく畑の十字架像などの場所で）、畑の悪霊を祓ってもらった。

民間信仰によれば、クリスマス（あるいは一二月二一日の聖トーマス祭。この祭りは一九七〇年から七月三日に移動）から一月六日の御公現祭までは「一二夜」と呼ばれ、多くの悪霊が徘徊する時期であった。一一月一日の万聖人祭から悪霊が出回るともいわれる。冬の季節は、ゲルマン・ドイツ人にとって悪霊の季節であった。また、この時期は死者の魂が戻ってくるともいわれた。先のルチア祭の「灯籠流し」は死者の魂を彼岸に返す行為と解釈できる。

図 2　聖ニコラウス。横に天使、後ろにループレヒトが立っている。19 世紀のスケッチ。Fischer, p.95.

この時期、かつてはクラウゼンやペルヒテン（ペルヒト）と呼ばれる仮面をつけた怪物が悪霊を祓う祭りが各地でおこなわれた。地域によって呼び名はさまざまだが、先のルッツェルフラウやループレヒトも同様の悪霊であった。これらの怪物はもともと自身が悪霊であると同時に、それを祓う聖霊に転化するという両義性をもっていた（図3）。

いずれもキリスト教会からすれば迷

図 3　クラウゼンの徘徊。Fischer, p.103.

図 4　アルトエッティングの「機械仕掛けのクリッペ」。マリアとヨセフの間に飼い葉桶。中にはキリストがいる。著者撮影。

信に過ぎず、一八世紀後半から一九世紀初頭にかけて、こういった風習の弾圧がおこなわれた。最近は観光用に復活している地域がある。

クリスマス

現在のクリスマスで有名なのは、キリスト降誕像（クリッペ）とクリスマスツリーであろう。クリッペは、ベツレヘムの厩でイエス・キリストが降誕した場面を模型化したものである。一二二三年に聖アッシジが考案したといわれる。カトリック地域では教会や家庭に置かれ、降誕劇が演じられる。この習慣は一六〇〇年頃イエズス会がドイツにもたらし、広まった（図4）。

クリスマスツリーは一五三九年にストラースブールで飾られて以来有名となったが、最初はプロテスタントの習慣であった。しかし、祭りの折に広場に生木を立てるという習慣は、それ以前からあったようだ。生木には聖霊が宿るからである。飾り付けをしたツリーを家庭内に設置する習慣は、プロテスタントでは一七世紀頃から、カトリックでは一九世紀以降広まった。また、「清しこの夜」はドイツでも最も有名なクリスマスソングである。ちなみに、白髭、赤い服のサンタクロースは、一九三一年、アメリカのコカコーラの宣伝ポスターに由来する。

燻し夜と御公現祭

一二夜は「燻し夜」とも呼ばれる。薬草を燻し、悪霊を家や厩から祓う夜である。かつては一二月二一日の聖トーマス祭前夜、クリスマスイヴ、新年前夜、そして一月六日の御公現祭前夜におこなわれた。

一九世紀まで、南ドイツ・バイエルン地方では、アドヴェント最初の木曜日から一月六日の御公現祭までの期間、子どもたちや貧者が仮面をつけて、歌いながら家々の戸口をたたき、施しを受ける習慣があった。仮面は悪霊を祓うためとも理解できる。この習慣は禁止され、いまでは一月六日の御公現祭にその名残がみられる。この地方では、昔は御公現祭が「大新年」と呼ばれ、年始であった。

御公現祭は、三王祭あるいは東方の賢人祭とも呼ばれる。彼らの訪問について、新約聖書はこう語る。彼らは一つの星に導かれた。星は彼らをベツレヘムの厩に案内した。そこで新生児、世界の王をみつけ祈った。彼らはイエスに金、お香、香油をもたらしたと。彼らは旅人の守護聖人となっている。また、多くの居酒屋は今でも彼らの名前を使用している。

一九世紀までは、前夜に教会で水、塩、白墨が聖別（お清め）された。塩と水から塩石が作られ、それはお守りとなった。白墨で戸口や厩にC＋M＋Bと西暦年を書いた。たとえば、「18 C＋M＋B 48」のように。C、M、Bは、新生児イエスを訪れたカスパール Caspar、メルコール Melchior、バルタザール Balthasar の頭文字である。これで悪霊・悪魔から守った。

また、家長その他二人の家族は夕刻の鐘の後、左手に灼熱のフライパンをもって家々のあらゆる場所を燻した。燻しの原料は薬草をすりつぶしたもので、マリア被昇天祭の時に聖別しておいたものである。家の燻しは先祖の霊を彼岸に戻すためという説もある。この習慣は、現在でもカトリック農村

図 5　右は三王の訪問。左は戸口にＣＭＢと書いている。Bichler, p.17.

には残存している。

昔はこの日に、牧人に贈り物をして尊んだ。降誕劇や牧人劇がこの日に演じられる場合もあった。御公現祭に、ゲルマンの女神、女ペルヒトが出現し悪霊を祓う地域もあった。

今日では、王に扮した子どもたちが家々を回り、貧しい子どものために寄付を集める。先頭の子は星のついた竿をもち、聖別された白墨で戸にC＋M＋Bと西暦年を書く。ＣＭＢは、Christus Mansionem Benedicat「キリストはこの家を祝福した」という意味にもとられるが、これは後のこじつけの感がする。貧しい子どもへの寄付のほかに、彼ら自身のお菓子をもらう（図５）。

一九世紀までは、御公現祭に三王に扮して歌い、家々から寄付を募ったのは若者たちであった。それで若者たちは居酒屋で飲み尽くした。

図6　新年の空砲は現在もおこなわれる。Bichler, p.11.

現在は、伝統的風習が道徳的に変化して残っていると理解できよう。

空砲と占い

一二夜にはしばしば空砲が撃たれた。聖ルチア祭前夜、聖トーマス祭前夜、クリスマスイヴ、新年前夜などである。昔は、祭りや何かの行事のたびに空砲が放たれた。邪気祓いであった。祝砲でもあった（図6）。聖トーマス祭の日、少女は「靴飛ばし」をして結婚相手を占った。肩越しに飛んでいった方向から求婚者が現れると信じた。また、クリスマスイヴのミサ前に顔を洗い、拭かないでおいた。将来の夫に拭いてもらうためである。農村ではクリスマスイヴに夜這いの習慣があったらしい。

クリスマスの三日目、つまり福音家ヨハネ祭に教会から聖水が与えられた。代わりに、祭壇に供物を捧げた。聖別されたワインもこの日に農民に与えられた。このワインは結婚式の際、新郎・新婦が飲んだ。また病気の際の薬やお守りにもなった。

こういった伝統的民衆文化の形態は各地でさまざまで、ここに挙げたのがもちろんすべてではない。現在では、伝統的風習は、教会の圧力や生活様式の変化で消滅したか、変容して残存している。

マリアお清め祭と聖ブラジウス祭

カトリック教徒は二月二日にマリアお清め祭を、翌日に聖ブラジウス祭を祝う。イエスの時代、ユダヤの新生児と母親は四〇日目に最初の寺院参拝をした。ここで母親は清められた。つまり不浄を祓う習慣であった。この習慣はキリスト教会に「産後の祝別」という形で受け継がれた。

聖書によると、マリアがイエスを連れて寺院にいくと、ジメオンとハンナによってイエスが「光」（救済者）と認識されたという。ドイツでは、マリアお清め祭に蝋燭を聖別して蝋燭行列をする。この日にローマに巡礼する習慣もあった。

一九世紀まで、マリアお清め祭は、復活祭、聖体祭、洗礼式などあらゆる祭り・行事で使用する蝋燭を聖別する日であった。夏の雨乞い、雹除け、豪雨除けなど、今では教会によって認められていない「願掛け祭」の蝋燭も聖別された。聖別は、神に奉仕するために世俗の物（人）を世俗から引き離す儀式であった。民衆は聖別された物には何か奇跡的な力が宿ると信じた。悪霊の起こす嵐の夜に蝋燭を灯した。悪魔に魂を取られないように、死の床に蝋燭を置いた。蝋燭は、昔は高価であった。いつもは油で明かりをとっている家も、このために教会から蝋燭を買った。産婦はしばらく床を離れられなかったので、赤い蝋燭を産婦の手足に縛りつけ悪霊から守った地域もある。

一九世紀の工業化以前の農村社会では、この日は一年の農作業の最後の日でもあった。クリスマス時期がこの日に終わった。使用人は年季があけ、一年分の給料をもらった。当時は、日払いはあったが週給や月給のシステムはなかった。

聖ブラジウスは、アルメニアのゼバステの司教であった。彼は三一六年に殉教死した。伝説によれば、ブラジウスは牢獄で魚のとげがのどにささった一人の若者を救ったという。このため、中世に喉の病気の救護聖人となった。現在、この日、多くは前日に、司祭はブラジウス祝別（祝福）をおこなう。司祭は二本の燃えている蝋燭を十字の形に保ち、信者の喉元にかざす。そして、病気とあらゆる危険除けを祈る。

マリアお清め祭も聖ブラジウス祭も、この時期におこなわれる世俗の民俗祭カーニヴァルにおされて、現在ではひっそりとおこなわれているようだ。

二月一四日のヴァレンタインデー

日本で有名なヴァレンタインは、三世紀後半キリスト教迫害のなかで殉教した。現在のドイツでも、恋人たちはこの日に花やカードを贈りあう。これは鳥がつがいになり始める二月中旬、古代ローマ人が結婚の女神ユーノに花を捧げた祭りに由来するらしい。最初は男性がお目当ての女性に花を贈る習慣であった。もともとイギリス、フランスで行われていたもので、おそらく上流階級の習慣であった。ドイツには一九世紀に入ってきたが、民衆文化としては定着しなかった。

灰の水曜日と四旬節

灰の水曜日から四〇日間（日曜日を除く）の受難節（プロテスタント）が始まる。カトリックでは断食節（四旬節）と呼ばれる。プロテスタントでは断食（肉食禁止）はない。カーニヴァルの翌日であり、復活祭の準備期間の始まりである。

灰は古代より悔い改めの象徴であった。カトリック教会では、前年の枝の主日にしゅろの枝葉を燃やした灰を使う。司祭によって信者の額の上で灰の十字がきられる。司祭は十字をきりながらこういう。汝はちりである、そして再びちりに戻ることを考えよと。旧約聖書に、断食の際に灰を頭にまいて簡素な服（贖罪の服）を着るという習慣がでている。

一九世紀中頃までのカトリック農村部では、午前中に灰をつくり聖別した。その灰を各人がもちかえり、夕方その灰を畑に撒く習慣があった。その灰は蒔いた種の生長に効くとされた。これも悪霊祓いの一種であった。また、マリアお清め祭が必ずしも仕事納めになったわけではなかった。長引いて四旬節に食い込むこともあった。ただ、二月中には穀物の脱穀を終えねばならなかった。穀物は稲穂のついたまま備蓄され、蓄えがつきると脱穀された。小農は仕事が早く終わるので富農のところで日雇いとして働いた。最後の脱穀を終えて農民祭を祝う地域が多かった。

四旬節・受難節は、灰の水曜日に始まり四〇日間続く。四〇という数字は、ノアの大洪水の四〇日間、モーゼの四〇日間のシナイ山滞在、イエスが荒野で過ごした四〇日間の断食を象徴している。

カトリックの伝統では、肉や嗜好品は控えねばならない。現在もしばしば断食＝空腹布が教会内にかけられる。それが一定の空間を覆う。それは神からの分離、おこなった罪の罰を象徴している。イエスの苦難と死を再現する受難劇が上演される場合もある。

冬を追い払う

四旬節第四日曜日は「ばらの日曜日」と呼ばれ、伝統的に春の始まりの日であった。南ドイツ農村部では、この日、冬に対する夏の勝利の祭りがおこなわれた。演劇がおこなわれる地域もあった。ある地域では、冬と夏の仮装をした二人の人物が、幾人かをともなって村中を行列し、各家の前で藁《わら》の歌を歌いながらパン、たまご、果物などを集めた（その後の宴会で使うのだろう）。最後に夏と冬の「戦い」があって夏が勝ち、冬は村の泉でびしょぬれにされるか、暗い森へ放逐された。冬の追放の祭りは地域によってさまざまであった。冬に見立てた藁人形を引き回し燃やす地域もあった。三月一九日の聖ヨセフ祭や三月二五日のマリア受胎告知日の頃に冬を追放する祭りを行う地域もあった（図7）。

冬はドイツ人にとって、暗く、寒く、悪霊の徘徊する季節であった。だから、さまざまな祭りの折に悪霊祓いをしたのだ。日本より、あるいはそれ以上に、春というより夏を待ち望んだ。日本は四季であるが、ドイツは夏と冬の二季といえるだろう。

ちなみに、現在のドイツはサマータイム制を導入している。三月最後の日曜日の午前二時からサマータイムに入る。時計を一時間進めて三時に設定する。サマータイムは一〇月最後の日曜日の午前三時に終わり、今度は一時間戻して二時に設定する。

枝の主日

復活祭直前の日曜日は聖週間の始まりの日である。聖週間は復活祭前日の聖土曜日までつづく。枝の主日はイエスのエルサレム入城を記念する。聖書によれば、貧弱なロバに乗った貧しい男として入ってきたイエスを、人びとはしゅろの枝葉を振って出迎えたという。

図７　冬の追放。Fischer, p.25.

カトリックでは現在でも、しゅろの枝葉が司祭によって聖別される。ツゲや柳の枝が使用されることもある。信者は、聖別されたしゅろの葉をもちかえって、家の十字架の後ろにさす。教会に残った枝葉は燃やされ、灰となり、翌年の灰の水曜日の儀式に用いられる。

工業社会以前は、聖別されたしゅろの束を竿につけて立て、雷除けにした。家中がしゅろでお祓いされ、一部を燃やして暖炉の火とした。聖別されたしゅろは魔除けでもあったのだ。

一一世紀以来、各地で枝の主日の行列が一般的となった。ろばにのったキリスト像が引き回された。「パルムろば」と呼ばれる張りぼてであった。一八世紀後半の啓蒙主義の時代に、キリストを見世物にするものとして禁止され、この行列は衰退していった。しかし、現在でも枝の主日の行列をおこなっている地域もある。ある地域では本物のろばが行列の先頭を行き、キリストの代わりに子どもが乗る。プロテスタント教会もこの日を祝うが、行列はしない。プロテスタント教会では、この日に堅信礼（日本の元服にあたる）がおこなわれる。

聖木曜日（緑の木曜日）

聖書によれば、この日、イエスは弟子たちと最後の晩餐をおこなったとされる。謙遜と愛の印として、イエスは弟子たちの足を洗った。それにちなんで、カトリック司祭はこの日、何人かの信者の足を洗う。この日にイエスが捕らえられたので、夕方の礼拝後、復活祭前夜まで教会の鐘が鳴り止む。悲しみの印として祭壇を空にする。蝋燭と聖画像が紫の布で覆われる。緑はドイツ語で「グリューン」というが、これは「グライネン」から転化したもので、もともと「泣く」「悲しむ」という意味である。悲しみの日なのである。

封建時代、「グリューン」は共同体からのけ者にされた人びとを指した。彼らはこの日におおやけの場で贖罪をおこない、社会に復帰することができた。贖罪によって再び教会の緑の枝になるという説は、少しこじつけの感がある。

また、農民が領主にたまごを納める日でもあった。この日に生まれたにわとりの卵は、腐らず、霊力と生命力をもつともいわれた。人は、それを火事や雷除けとして保存したり、畑に埋めて豊作を祈願した。とくに赤い（茶色）の卵が好まれた（図8）。

図8　たまごを畑に埋め十字架を立てる。Fischer, p.29.

聖金曜日

キリスト教徒にとっては、イエスが十字架上で死んだ特別な日である。プロテスタント教会では聖なる晩餐式が行われ、教会音楽が奏でられる。祭壇には十字架のみが置かれる。カトリック教会では、祭壇の上のものはすべて片付けられる。十字架は布で覆われる。音楽なしのミサ（聖体拝領）がおこなわれる。

聖書にはこうある。晩餐後イエスは弟子たちとゲッセマネ庭園のエールベルクへと祈りにいった。そこで、お金でつられたユダが裏切ってローマ兵に密告した。ローマ兵はイエスを捕らえ､彼を高位聖職者カヤファスの家へ連れていった。ペテロは後を追った。にわとりが鳴く前に、ペテロはカヤファスの家の庭にいる人びとに三度言った。私はイエスを知らないと。イエスはカヤファスの家から参議会につれていかれた。短い尋問のあと、イエスは総督ポンティウス・ピラトに引き渡された。民衆の要求にこたえて、ピラトは殺人者バラバスを解放し、イエスを処刑する命令を下した。兵士はイエスをつかみ、打ち、嘲りながら彼に茨の冠をつけた。そして、兵士たちはイエスを連れ出し、彼に黒い十字架を担わせた。それを担いでイエスはエルサレムの狭い通りをいった。ゴルコタの丘で、彼は二人の罪人とともに十字架にかけられた。イエスが息絶えたとき、太陽は隠れ、寺院の垂れ幕が引き裂かれた。

エルサレムでは今でも、信者は毎金曜日に大きな木の十字架をもってイエスの歩いた道を行く。イエスが十字架を担ってゴルゴタまで行かねばならなかった「十字架の道」である。

一九世紀初頭までは、受難劇が民衆によって各地で行われていたが、内容が瀆神《とくしん》的だとしてしばしば禁止された。一七世紀に始まった南ドイツのオーバーアマーガウの受難劇は一〇年に一度おこなわれる。しかし、このように残存して観光化している例は稀である。また、以前は聖金曜日に行列がおこなわれていたが、その伝統が残っている地域も少ない。

聖土曜日

聖金曜日は「カールフライターク」、聖土曜日は「カールザムスターク」という。「カール」は古ドイツ語で「悲しみ」「嘆き」を意味する。聖週間は悲しみの週である。聖土曜日はイエスが埋葬された日である。一年で唯一、聖体拝領ができない日でもある。教会の鐘も鳴らない。カトリック教会では復活祭の告解がおこなわれる。

以前は教会前で大火が焚かれた。そのために各家は木材を提供した。焦げた木を家に持ち帰り、雷の際、かまどで燃やし、その煙で雷を追い払った。

復活祭

復活祭は教会暦で最も古いだけでなく、最も重要な祭りである。ユダヤの過越祭と関係があるという説は前述した。一六世紀中頃までは、ヨーロッパのかなりの地域でこの日が年始であった。ドイツ語の「オーステルン」Ostern の意味は不明で、ゲルマンの春の女神オースタラ Ostara とする説もあるが、これには疑問も多い。英語の「イースター」もゲルマン語の同系列である。

一九世紀においても、復活祭夜明け前に新しく汲まれた水は特別な力をもつと信じられた。今でも南ドイツでは村の噴水がモミの枝で装飾される。そこに多くの復活祭たまごが固定される。復活祭前夜に焚かれた火も悪霊祓いの機能をもった。日本同様、水や火にはお清め、邪気祓いの機能があった。祭りの際の焚き火は迷信あるいは火事の原因として一九世紀初頭に禁止されたが、実際は容認されてきたようである。教会前の復活祭火のほかに、各所で焚き火をした。かつての民間信仰では邪気祓いであった。

カトリック教会では一九五六年以来、夜明け前の復活祭火から点火された蝋燭が祝別される。それからミサが始まる。教会の考えでは、復活祭火はイエス復活の象徴であるとともに、新しい生命（春の訪れ）を示すことになっている。復活祭蝋燭はイエスの復活を示す。その蝋燭には、年代とともにΑ（アルファ）とΩ（オメガ）が書かれている。イエスが世界のはじめであり終わりであることを示している。

地域によっては、復活祭車輪が点火され、山から転がされる。大きな木製の車輪で、柳の枝と藁で包まれる。一時廃止された風習であるが、観光用に復活させたものであろう。

また、教会で食料品の聖別がおこなわれた。この習慣が残存している地域もある。これはもはやおこなわれないが、雄羊を教会に連れて行き聖別する地域もあった。その後雄羊は居酒屋で料理された。羊飼いが招待され共同体の宴会が催された。現在も自宅でラムが焼かれる。ここにはユダヤの過越祭の影響が見られる。

復活祭たまごは、豊穣と再生のシンボルである。聖木曜日に生まれたたまごがあらゆる害悪を防いでくれるということに由来する。とくに茶色のたまごが好まれた。たまごに色を塗る習慣はここから来ているように思われる。また、たまごの運び手として有名な復活祭の兎は一七、一八世紀ころより言い伝えられるようになった。

現在、三層の十字架の形に作ったつげの木に十二のたまごを吊るす飾り物がある。クリスマスツリーの小型・簡素版である。十二は十二使徒を表現しているのだろう。この習慣は新しいものである。ただ、祭りに木を立てる習慣は中世から見られた。木には霊力が宿るからであった。

南ドイツの騎馬行列

かつてのバイエルンの農村社会では、四月二三日の聖ゲオルク祭に馬に乗った行列がおこなわれた。畑を回り馬の健康と豊作を祈った。その際、馬の放牧もおこなわれた。聖ゲオルク祭のゲオルク騎行は、一八〇三年に「迷信」として禁止され、一八三三年に一時復活したが、工業化の中で衰退していった。一九世紀の文献によれば、朝六時に集合し、ミサを終えた後、七時に行列は始まった。騎馬は近隣の村々から百体以上集まったという。従者、楽隊、天使＝子ども、聖ゲオルクに仮装した人物も加わった。先陣は在地の領主であった。馬は聖水でお清めされた。地域によっては、その後、一杯やりながら馬の競売や宴会がおこなわれた。若草が刈られ塩で聖別され、家畜に食べさせた。聖ゲオルク祭の夜は、五月祭や白の日曜日（復活祭後の第一日曜日）同様、若者の悪ふざけ、大騒ぎの祭りの日であった。ゲオルク騎行が復活祭月曜日におこなわれた地域も多かった。騎行は精霊降臨祭などにもおこなわれた（図9）。

騎馬行列として有名なのが、秋（冬）におこなわれたレオンハルト騎行である。聖レオンハルト祭は一一月六日である。聖レオンハルトも馬と家畜の守護聖人である。家畜の一年の無事を神に感謝し、

図 9　現在のゲオルク騎行。Bichler, p.56-57.

翌年の無事を祈願した。前夜、病気の馬のひづめや鉄の供物を捧げたという。家畜はこれから冬の間、厩舎に入れられた。騎行の後は居酒屋へ繰り出し大騒ぎをした。現在は、バート・テルツの騎行が有名である。かつては各地でおこなわれていた。

騎行の習慣は一時衰退したが、一九七〇年代に復活させた地域が多い。

キリスト昇天祭

四世紀以来の古い祭りである。復活祭四〇日後に行われる。聖書によれば、イエスは四〇日間、さまざまな場所に姿を現した。イエスは弟子たちとともにエールベルクにいき、両手をあげて弟子たちを祝福した。その後昇天した。弟子たちは最初この出来事に驚いたが、エルサレムに戻り、寺院にとどまって神＝イエスを賛美した。

昇天祭の週にカトリックでは祈願祭行列（後述）をおこない、豊作と好天を願う。その際、一本の十字架が先頭をいくので、「十字架週」と呼ぶ地域もある。

一九世紀までは、キリストの昇天を再現する「見世物」があった。祭壇に立てられたキリスト像を吊り上げて、教会の天井の穴から消えさせた。その後、天井から未聖ホスチア（まだ清められていないパン）、麻屑、燃えている藁、悪魔の像が落ちてきた。これはキリストの勝利を象徴すると解釈されたが、実際は教会の屋根に上った若者の「娯楽」であった。悪魔像は投げられ、鞭打たれ破壊された。屋根の若者が水の入ったやかんを聖職者に投げるなどのいたずらもおこなわれた。

こういった「見世物」は、フランス革命後の一九世紀初頭に各地で禁止されたが、残存した地域もあった。さすがに二〇世紀にはこういった「見世物」的習慣は消滅した。

聖霊降臨祭

復活祭五〇日目の祭りである。この日に弟子たちは公衆の前で、イエスは生きていると告げ始めた。三千人が洗礼を受け、最初の共同体が成立した。だから、聖霊降臨祭は「教会の誕生日」でもある。聖書によれば、弟子たちが一軒の家に集まっていると、突如、強風のような轟きがあり、火柱が出現して、各人の頭上に炎が見られたという。皆が聖霊に捉えられ、外国語を話すことができるようになり、かくして彼らは世界のあらゆる人びとに神の福音を語ることができるようになったという。

聖霊降臨祭はユダヤの七週祭を引き継いでいるとの説もあるが、ゲルマンの夏の勝利を祝う祭りの一つであったとする民俗学者もいる。

以前の南ドイツ農村部では、聖霊降臨祭月曜日、夕べの祈りの後に、葉や藁で仮装した一人の下僕が馬に乗せられた。若者たちが下僕のお供をしながら各家を回り、食べ物の施しを受けた。その後、行列は近くの小川や池に行き、同じく馬に乗せられた木製の「水鳥」が水に投げ込まれた。それが終わると若者たちは居酒屋に行き、家々でもらった施しものを食べた。酒も飲んだであろう。この行事が夏の勝利を祝うこととどう関係しているのか、私には不明である。また、鳥のくちばしを納屋の屋根に打ち付けておくと、一年中火事除けとなるという。この場合は本物の鳥のくちばしを使った。鳥が主役だったのは、渡り鳥の飛来する頃だったからだろうか。鳥は聖霊を表しているのかもしれない。

この祭りの際に、しばしば畑と村の境界を確認する騎馬行列がおこなわれた。キリスト昇天祭後の金曜日におこなう地域もあった。かつて、村境には境界石が置かれていた。それをそれぞれの村で確認し、村落間紛争をなくすための行事であった。

牧場はこの時期すでに草があるので、家畜（牛）が放牧された。豊作を確認する行事でもあった。

聖霊降臨祭では、鳩が聖霊のシンボルとなっているが、これはプロテスタント由来のものである。教会では木製の鳩が身廊に飾られる。

三位一体祭

聖霊降臨祭後の日曜日、カトリックもプロテスタントも祝う純キリスト教の祭りである。三位一体とは、父なる神、息子イエス、聖霊は三つの形態をとるが同一であるという意味である。三角形は神のシンボルとなっている。一三三四年に制定された祭日である。

この祭りは、民間習俗的要素がほとんど見られない。三位一体の意味が民衆にはまったくわからなかったからであろう。

聖体祭

聖霊降臨祭後の第二木曜日にカトリックが祝う。キリストが最後の晩餐の秘蹟を制定したことを祝う祭りである。「聖体」はキリストそのものを意味する。ベルギーの修道院長ユリアナが、一二四六年に初めて祝った。一二六四年、教皇ウルバン四世が公的に制定してから広まった。六月頃おこなわれる聖体祭のメイン行事は行列である。これも祈願祭行列同様、豊作祈願の性格が強く、現在でも最もポピュラーにおこなわれている。現在は教会の厳粛な祭りであるが、昔は民衆文化を代表する祭りであった。行列は聖所を巡るので巡礼と呼ばれていた。詳しくは「巡礼」の章で扱う。

聖体祭は、一八世紀頃には、聖木曜日に代わって罪人が贖罪し共同体に復帰できる日であった。この日のために森の木が切られ、通りや教会内に立てられた。教会内で薬草から絨毯をつくる習慣もあった。いずれも一九世紀初頭には異教的、有害として禁止の対象となった。木や薬草の香りの発散は、当時の知識人には健康に有害と認識されていたようだ。

洗礼者ヨハネ祭

六月二四日は洗礼者ヨハネ祭である。イエスに洗礼をし、彼の重要性を認識した預言者であった。クリスマスが冬至なら、洗礼者ヨハネ祭は夏至の頃に当たる。現在の暦では夏至は六月二一日か二二

図10　ヨハネ火。Fischer, p.56.

日である。

前キリスト教の時代から、ゲルマン人やケルト人は大火を燃やして太陽を賛美した。一九世紀までの南ドイツでは、聖ファイト祭（六月一五日）あるいはペテロ・パウロ祭（六月二九日）に大火を焚く地域もあった。山頂で焚く地域や、教会で聖別された木材だけを燃やす地域もあった。ヨハネ火は病気の家畜を治療したり疫病から守ってくれるものとされた。かまどの火が消され、ヨハネ火からあらたに点火された。言い伝えによれば、ヨハネ火を飛び越えた人は穀物を刈る際、尻が痛くならない。恋人が手をつないで飛ぶと結ばれるといわれた。ヨハネ火のまわりで皆が夜通し踊った。現在も消防の監視の下、ヨハネ火が焚かれる（図10）。

一九世紀の南ドイツでは六月の三夜と呼ばれ、ヨハネ祭のほかに、聖ファイト祭、ペテロ・パウロ祭には夜通し踊ることが当局から認められていた。六月は実りの季節であった。ボックシュニットという悪霊が畑の作物を台無しにするために出現した。大火はそれを防ぐものでもあった。

また以前は、この日に井戸を清掃し、水を祝別（お清め）した。井戸マイスターが選出され、一年間井戸を監視した。子どもたちは家々をまわってたまごを集め、夕方の井戸祭で食べたという。井戸の清めは、伝染病発生の時期との関連がありそうである。現在でも井戸の飾り付けがおこなわれている。

さらに、オレガノ、ラベンダー、ローズマリーなど九つのハーブで花束をつくり、逆さにして戸口などに吊した。それは魔除けの機能をもつとともに、乾燥させて薬草にしたようだ。

一九世紀の工業化以前のこういった風習は、現在でも変容して残存している。

マリア被昇天祭

八月一五日にカトリックが祝う。千年以上前からおこなわれている。伝説によれば、マリアは死から復活し昇天した。イエスの弟子たちが彼女の墓をあけると死体はなく、美しい花と草があった。別の伝説によれば、マリアが墓を去ったとき、薬草や花のようなよき香りが流れた。マリアは多くの花の名で表示される。「畑の花」「谷のゆり」「とげなきバラ」など。この日は地域によって「花束女性日」「マリア植物日」「マリア薬草日」などと呼ばれる。

この日に九種の薬草を教会で祝別（祝福）する習慣は、中世から現在まで存続している。

収穫祭

中世カトリック教会は収穫を神に感謝するミサを、おこなっていたが、その期日は地域によってまちまちであり、正式な教会暦には組み込まれていなかった。現在のカトリック教会暦も同様であるが、収穫祭は各地でおこなわれている。

プロテスタント教会は、収穫祭の礼拝と説教を積極的に推進した。これは勤労の価値を重んじることと重なった。凶作は贖罪、豊作は神への感謝であった。プロテスタント教会は、収穫祭を純キリスト教的祭りへと転換することに努力した。しかしその本質は、キリスト教の祭りというより民衆の農民祭であった。

収穫祭の期日は、宗教改革期からミカエル祭（九月二九日）あるいは前後の日曜日が選ばれた。プロイセンでは一七七三年、ミカエル祭直後の日曜日と法制化された。今日では一〇月の第一日曜日が一般的である。教会は畑や庭の花、穂、果実などで装飾される。神が与えてくれたものを神に捧げることを意味している。収穫物で王冠をつくって祭壇に飾ったり、それを神輿に乗せて行列したりする。

一九世紀以前の収穫祭は、キリスト教の祭りというより、五月祭のような農民祭であった。農民祭については後述する。

宗教改革祭

一〇月三一日は、ルターが九五か条のテーゼをヴィッテンベルクの教会の戸に貼ったとされる日である（証明されてはいないが）。これを記念してプロテスタント教会が祝う日である。現在はプロテスタントが比較的多い五つの州で法定祝祭日となっている。

万聖人祭と万霊祭

カトリックは一一月一日に万聖人祭を、翌二日に万霊祭を祝う。すでに四世紀にはすべての殉教者（聖人）の記念祭を聖霊降臨祭におこなっていた。アイルランドでは冬の始まりと結びついた。これが大陸にもたらされ、八三七年、教皇グレゴール四世が一一月一日をすべての聖人を記念する日とした。他方、九九八年に制定された万霊祭は、煉獄にいる魂を天国に導くための祭りである。

民衆の間では、万聖人祭前夜（イギリスではハロウィーンという）から万聖人祭にかけて、死者が現世に現れ、万霊祭に煉獄に戻るという。日本の盆のようなものである。ただ、戻れなかった死者、悪霊、デーモンが、この祭りから一月六日の御公現祭まで徘徊する。だからこの時期の祭りの仮面・仮装は死者やデーモンを表現しているといわれる。

現在、万霊祭はカトリックの墓参りの日となっている。これは一九世紀にできた新しい習慣であるといわれる。しかし、これ以前にも墓参りの習慣が存在した痕跡がある。キリスト教は祖先崇拝を認めていないので、公的にはなかったのだ。

聖マルティン祭

一一月一一日に主にカトリックが祝う。聖マルティンは四世紀初頭のハンガリーに生まれた。当時ハンガリーはローマ帝国の領域であった。伝説によれば、一五歳で兵士となり、一八歳のときフランスのアミアンに行った。ある冬の夜、彼は自らのマントを剣で二つに切り裂いて、一つを凍えていた乞食に与えた。後にマルティンは軍隊を去り、修道僧となった。三七一年にトゥールの市民によって司教に選ばれた。親切と善意ゆえ皆に愛されたという。これも言い伝えであるが、彼は司教に選出されたくなかったので、トゥールの市民から身を隠したが、鵞鳥たちが居場所を知らせてしまった。その「裏切り」ゆえ、それ以来、鵞鳥は罪を背負ったという。聖マルティン（マルタン）はフランスの守護聖人である。

ドイツでは、一一月一一日は年貢納めの日の一つであった。領主に鵞鳥などの家禽類を納める日であった。年貢の鵞鳥が先の伝説と関連しているかは怪しいが、農民にとっては一年の野良仕事を終えたことを祝う祭りの日で、鵞鳥が屠殺され、大いに飲み食いされた。農民祭の一つであったのだ。また、本来の年季明けは二月二日のマリアお清め祭であったが、使用人にとっては仕事を変えることが認められる日でもあった。さらに、マルティン祭には小さな火が焚かれた。太陽としばらくお別れして冬を覚悟する日であった。すべての家畜は厩舎に入れられた。冬の始まりであった。

現在、子どもたちは、マルティンに扮し白馬に乗った人物の後ろを提灯をもって行列する。しかし、この習慣がドイツに入ったのは二〇世紀になってからである。

贖罪と祈りの日

プロテスタントは、教会暦最後の日曜日前の水曜日にこの祭りを祝う。困窮や苦難からの解放を神に懇願する日である。聖人崇拝を原則禁止したプロテスタント教会による代替措置、つまり「願掛け祭」といえる。かつてはしばしば断食をともなった。

この祭りの期日は各地でまちまちであった。一八七八年以来、教会暦最後の日曜日、つまり死者慰霊祭前の水曜日を贖罪と祈りの日に選ぶことが多くなった。現在、ザクセン州で法定祝祭日となっている。贖罪と祈りの礼拝をおこない、神に赦しを請う。歌と祈りで神との新たな始まりを請う。ハレルヤ（神は褒《ほ》むべきかな）は歌わない。

死者慰霊祭と王なるキリスト祭

プロテスタントではアドヴェント第一日曜日前の日曜日、つまり教会暦の最後の日に死者慰霊祭をおこなう。この祭りは一八一六年、プロイセン王によって導入された。カトリックの万霊祭に対抗して墓参りの日となった。墓に蝋燭をともし、花を捧げる。

王なるキリスト祭は、カトリックの教会暦の最後の日である。プロテスタント教会の死者慰霊祭と同日である。一九二五年にピウス一一世によって導入された。

どちらの祭りも新しいものなので、古い民間信仰的風習は付着していない。

キリスト教の祭りと民間習俗

キリスト教の祭りは、純粋に聖書や教義を儀式化したものではない。そこには古くからの民間信仰、とくに農事、生活にまつわる民衆の習俗が混淆していた。あるいは俗事の風習にキリスト教が重なったといってもよい。聖と俗は混淆していた。

もちろん、今おこなわれている「伝統的」祭りが、伝統的習俗をそのまま残しているわけではない。とくにドイツでは一八世紀から一九世紀初頭の啓蒙主義的政策によって（プロテスタント地域ではもっと早く）、多くの伝統的祭りが消滅ないし変容した。

後述するように、現在はキリスト教色が強い「聖の祭り」と娯楽的要素が強い「俗の祭り」に大別される。どちらにも民間習俗の付着・残存は見られるが、「迷信」とされたものがだいぶ削減されている。これは、教会や国家による「迷信」への抑圧や工業化のなかで、人びとの信仰の在り様が変化したためである。

第三節　世俗の祭り

昔は祭りだらけ

一六世紀の宗教改革は、聖人崇拝を原則禁止したので、プロテスタント教会暦から聖人祭が消えていった。それに対してカトリック教会は聖人祭を増やし、教会暦は祭りで満たされた。またプロテスタント地域でも、伝統的祭りは簡単にはなくならなかった。

一八世紀のカトリック地域では、日曜を含めると一年の半分が祭りであったという。前述した教会の祭りはその一部である。教会暦にもとづく祭りのほかに、願掛け祭、農民祭、手工業祭、巡礼の日、娯楽祭、教会堂聖別記念祭、修道院祭、日曜から飲みだして月曜も休む「青い月曜日」、さらに冠婚葬祭も共同体の祭りであった。

願掛け祭は、たとえば火事や疫病除けのために、聖人の礼拝堂などに行って願をかける祭りである。地域によってこの種の願掛け祭はさまざまに存在した。修道院の祭りにも民衆は参加できた。娯楽祭は、村では居酒屋が催し、競馬、射撃、ピン倒しなどをおこなった。後述する巡礼も一種の祭りであった。

近代国家が、こういった祭りの規制に本格的に乗り出し、法定祝祭日を制定しはじめるのは一八世紀の啓蒙主義の時代になってからである。祭りだらけで働かない国家はやがて滅ぶからである。

農民祭

一九世紀前半の封建制解体以前の農業は三圃《さんぽ》制という方法でおこなわれていた。当時の村の耕地は「冬畑」「夏畑」「休耕地」に三分割されていた。冬畑は秋に種を蒔いて翌年の夏から秋にかけて収穫する。南ドイツでは小麦やライ麦などの主食が作られた。夏畑は春に種を蒔いて、その年の秋、冬畑の収穫の後に収穫される。オートムギや大麦などが栽培された。休耕地は一年休ませて養分を蓄え、翌年は冬畑として使われた。各農家はそれぞれに持ち分をもっていたが、このシステムだと勝手な耕作、種まき、収穫などはおこなえない。共同体のルールに従って農作業をおこなっていた。

農民祭は、数ある農作業の区切りとして設定された休息と娯楽の祭りであった。手工業祭も同様である。共同体成員が、あるいはギルド成員が一堂に会して日頃のうさを発散するのである。

図11　19世紀の五月柱の設置。Fischer, p.43.

農民祭の代表は五月祭であろう。太陽（夏）を賛美し、作物の生長を祈願する祭りであった。五月祭のシンボルは、なんといっても五月柱である。かつては皆で森から木を切り出して運んできた。居酒屋の前に設置することが多かったのは、この祭りが飲み食い、そして踊りの娯楽祭の性格を強く持っていたことを物語っている。小さな生木も各所に立てられた。人びとは五月柱のまわりで踊った（図11）。

工業化以前は、四月三〇日から五月一日の夜に、ハルツのブロッケン山で魔女と悪魔の集会が催されると信じられていた。この夜を「ヴァルプルギスの夜」と呼び、火を焚いたり音を鳴らしたりして悪霊・悪魔祓いをした。五月柱を立てたのは清めの機能があったからである。日本でもそうであるが、木には聖霊が宿ると信じられた。

現在、五月一日は労働者の祭日となっている。これは一八九〇年五月一日に、パリで社会主義者の祭りとして祝われたことに由来するが、もともとはこの農民祭にひっかけたのではないのか。ちなみに、一九五五年、カトリック教会はこの日をヨセフ（イエスの父で大工）労働者記念日とした。

教会堂聖別記念祭

教会の建物を聖別した日の祭りである。建立祭といってもよいかもしれない。古くは聖別した日におこなわれていたが、中世には秋におこなわれるようになった。収穫が終わり、収穫祭としておこなう側面もあった。

これは都市のカーニヴァルに相当する農村の大騒ぎの祭りであった。三日間おこなわれるのが通常で、教会のない村でもこの祭りをおこなっていた。教会の祭りではなく、世俗の農民祭であった。一九世紀には、若者が仕事をしないので週末（日曜日）に限定された。

現在は昔ほどにはおこなわれていない。二〇世紀以降多くの民俗祭がつくられ、そこで多くの娯楽が提供されるようになったからである。

民俗祭

どんちゃん騒ぎの娯楽の祭りを民俗祭と呼び、各地域でさまざまにおこなわれている。中世以来のカーニヴァルがその典型であるが、現在の民俗祭は主に一九世紀末から二〇世紀につくられた。

　中世以来、キリスト教の祭りにはどんちゃん騒ぎの娯楽的要素が必ず付随していた。聖なる祭りの日に居酒屋で飲んだくれ、踊りや賭博などが平然とおこなわれていた。キリスト教会にとってはまさに神への冒瀆《ぼうとく》であった。一六世紀以降、とくに一八世紀の啓蒙主義の時代、国家や教会権力はキリスト教の祭りからどんちゃん騒ぎの娯楽的要素を削ごうと努力してきた。その結果、キリスト教の祭りは、完全ではないにせよ「聖なる日」となった。だから、どんちゃん騒ぎの民俗祭を必要とするようになったのである。

　ドイツの代表的な民俗祭の一つに、ミュンヘンの「オクトーバーフェスト」（十月祭）がある。一八一〇年、バイエルン王子ルートヴィヒとザクセン＝ヒルトブルクハウゼン家の王女テレーゼの結婚を記念しておこなわれた競馬が始まりであった。競馬のおこなわれたミュンヘン郊外の広場はそれ以来テレージエンヴィーゼと呼ばれ、毎年盛大なビール祭りがおこなわれるようになった。メリーゴーラウンドも最初の時期から呼び物となった。一八五〇年には、巨大なブロンズ像「バヴァリア女神」が設置された。これは今も残っており、内部に階段がついていて「女神」の頭部まで上れる。その目からテレージエンヴィーゼが一望できる。一九世紀末には、気候を考慮して開催日は九月に移された。多くの屋台、さまざまなアトラクションが並ぶ。しかし何と言っても主役はビールである。居酒屋の祭りともいえよう。現在は九月一五日の後の土曜から、短くて一六日間、最大一八日間も続き、世界中から六〇〇万人以上が訪れる。

北ドイツの民俗祭

聖人祭を原則禁止したプロテスタント地域には民俗祭が多い。エルベ川下流に位置するオッテルンドルフは静かな町である。一年に一回、この町が大騒ぎとなる。七月の最後の日曜日、「ゲルマンの五つの戦い祭り」がおこなわれる。古代ゲルマン人に扮した男たちが各地から市庁舎前に集まり、そこから町の丘にむかう。そこで五種の力比べをおこなう。町のオリンピックである。一九七三年に始まった祭りである。

シュレスヴィヒ・ホルシュタイン州の「ハイデの市場祭」は北ドイツで最も有名な祭りかもしれない。隔年で七月の前半に催される。野外劇場、行列、家畜見本市、手品、音楽、踊りなど。中世後期、ハイデの農民は貴族を倒し、共和国を建設した（一四四七〜一五五九年）。彼らは法律を定め、市場の平和を明記して、誰にでも自由な取引を許したという。これを記念する祭りとして一九九〇年に始まった。

一二月の五日と六日の夜、北海の島ボルクムで、クラースオームと呼ばれる怪物が徘徊する。これは南ドイツのクラウゼンと同様のものと思われる。祭りの夜、町の集会所で祭りの指導者が決定される。ここには女性とよそ者は入れない。その後、羽のついた仮面をかぶり、黒い長靴と白い上っ張りで仮装した六人のクラースオームが二人ずつ、これも仮装したお供をつれて町中を徘徊する。住民はこの徘徊をトランペットなどの音楽で盛り上げる。クラースオームは若い女性を捕らえると牛の角で彼女をたたく。見返りに彼女は蜂蜜ケーキをもらう。子どももケーキをもらう。居酒屋があると入り、クラースオームは客と踊る。行列が終わると、クラースオームは広場にある三メートルの柱に上

図12　クラースオーム。Kunst, p.101.

り、下にいる群衆のなかに次々に飛び込んでいく。この祭りは一九世紀末に始まった（図12）。

民衆劇

一九世紀初頭以前のドイツでは各地で民衆劇がおこなわれていた。バイエルンの山岳地帯では一九世紀になっても民衆劇場が残っていた。もともと民衆劇は都市が発祥である。ミュンヘンに最初のマイスタージンガー（職匠歌人）の学校ができたのは一六世紀であった。有名なハンス・ザックス（一四九四〜一五七六年）が教鞭をとった。そこで民衆劇の脚本が作られた。

ニュルンベルクやウルムのカーニヴァル劇は、都市から農村へ、そして山岳地帯にまで広がっていった。バラの日曜日（四旬節第四日曜日）におこなわれた「冬に対する夏の勝利劇」や「カーニヴァル白馬の道徳裁判」、聖霊降臨祭・聖ゲオルク祭・聖マルガレータ祭などの行列もドラマ仕立てでおこなわれた。聖金曜日の「受難劇」はバイエルン各地でおこなわれていた。

聖書を題材にしたものも世俗の話も、民衆劇は喜劇であった。しかし、宗教改革はこの種の娯楽を、民衆から奪い取った。とくに、カトリックのイエズス会は、都市のギルドがおこなっていた劇を中止させ、マイスタージンガーの学校から劇作家を追放した。イエズス会は劇から世俗的要素を取り去り、純粋な宗教劇をつくり、教義と道徳を民衆に布教しようとした。

それでも民衆劇は存続し続けた。とりわけ農民の民衆劇は喜劇の形で盛んであった。題材は、聖書、神話、騎士文学、王様や貴族の物語、中世の英雄や聖人伝からとった。

一八世紀になっても、キリストの受難劇には喜劇的要素が多く混入されていた。キリストの鞭打ちを喜劇的におこなったり、マリアを色っぽく演じたりなど。これらは一八世紀後半から一九世紀初頭の啓蒙主義者や教会から激しく攻撃された。教会にとって、民衆劇は瀆神行為以外の何物でもなかった。だから頻繁に禁止令が出された。有名なオーバーアマーガウの受難劇は、疫病除けの請願として一六三四年に最初におこなわれた。この受難劇は一九世紀初頭の批判をかわして、現在まで存続している。ただその内容は、教会の意向にそうように変化しているようである（図13）。

図13　現在のオーバーアマーガウの受難劇。
Religiöse Zentren Bayerns.

母の日と父の日

ヴレンタインデーは前述したので、日本人になじみの母の日と父の日について簡単に説明しよう。母の日は五月の第二日曜日である。子どもたちから母親に花束が贈られる。母親あるいは女性崇拝は人類の歴史とともに存在した。人を再生産し、農業社会では豊穣を意味したからであろう。ヨーロッパ古代でも女神は多く存在した。キリスト教ではマリア崇拝が根強い。

一七世紀のイギリスでは、四旬節第四日曜日（ばらの日曜日）に母の日を祝っていた。ドイツのいくつかの地方では、この日に親戚が集まり宴会をおこなっていた。

近代の母の日はアメリカ由来のものである。一八七二年、女流作家のジュリア・ハウエが初めて母の日を提案した。一九〇七年五月九日、アン・ジャーヴィスは彼女の母の二周忌に母の日導入のキャンペーンをおこなった。この運動は多くの賛同を得て、二年後、アメリカの四五の州で母の日が祝われた。その五年後の一九一四年、アメリカ議会と政府によって、五月の第二日曜日が母の日として公的に制定された。

その後、母の日はヨーロッパに導入された。ナチスは母の日を法定祝祭日としてプロパガンダに利用した。しかし、現在のドイツでは法定祝祭日ではない。

それに対して、父の日は存在しないといってよい。アメリカでは母の日を補完する形で公的に制定しようとしたが、半分冗談にとられて、一九七二年にようやく法定祝祭日になった。アメリカでは、六月の第三日曜日に父の日が祝われる。それが日本に入ってきた。

ドイツではこの日は父の日ではない。現在、父親たちはキリスト昇天祭の日にグループでハイキングや宴会をして男だけで楽しむが、これは父への感謝の日ではないであろう。カトリック教会は三月一九日を聖ヨセフ（イエスの父）祭としている。しかし、ドイツで父への感謝の日として祝われているわけではない。どこでも父親はさびしいものである。

第四節　カーニヴァル考

キリスト教とカーニヴァル

カーニヴァルは中世の都市で成立した祭りである。決して異教の祭りの名残ではない。そして、カーニヴァルはキリスト教に対抗してできた祭りである。つまり、カーニヴァルは禁欲＝断食の四旬節に対抗する祭りとして成立した。キリスト教がより浸透していた都市の祭りであった。ケルンのカーニヴァルの最古の記録は一三四一年である。

カーニヴァルの語源はラテン語の carne（肉を）levare（取り去る）から来ているとされる。断食の四旬節の到来を暗示していることになる。

ドイツでは「ファストナハト」や「ファッシング」とも呼ばれる。「ファステン」はドイツ語で断食、四旬節を意味するから、「ファストナハト」は四旬節前夜という意味になる。「ファッシング」は中世ドイツ語の「ファス（ト）シャンク」に由来するといわれる。「シャンク」はもともと酒場を意味し

図14　ケルンのカーニヴァル行列。1900年頃。Weber-Kellermann, p.176.

たから四旬節＝断食（前）の酒という意味か。いずれにせよ、キリスト教の四旬節（断食節）を示唆した言葉に違いない（図14）。

五番目の季節

「ドイツには五番目の季節がある」といわれる。それほど熱狂的祭りなのだ。ミュンヘンのファッシングはもともと四旬節前の木曜に始まったようであるが、一九世紀の末には、ドイツ各地の都市でファッシング・カーニヴァルの催しは、前年の一一月一一日一一時一一分から始まる慣習が生まれた。四旬節の四〇日の断食から、クリスマスの四〇日前とこじつけられた。実際は御公現祭から灰の水曜日前（懺悔《ざんげ》の火曜日）までである。最高潮は前週の木曜日から翌週の火曜日までの六日間である。

ファッシングの特徴は何であろうか？　列記してみよう。大量の飲食、踊り、演劇、模擬裁判、模擬結婚式、仮面・仮装、行列（パレード）、さかさまの世界、暴力、他人への侮辱、セックス、風刺、「カーニヴァルの処刑」。

カーニヴァルの風景と私的解釈

祭りには、飲み食い・踊りなどとともに練り歩き（行列）がつきものであった。現在もおこなわれるケルンの四旬節前のバラの月曜日の行列は、舟形の飾り山車や四頭だての馬車、巨大なはりぼて、仮面をつけた愚者の一団、楽隊、馬、仮装者たちのグループなどが登場する一大スペクタクルである。ニュルンベルクはファストナハト行列発祥の地である。中世のニュルンベルクでは、橇《そり》をつけていくつもの通りを中央広場まで引っ張っていく「地獄」と呼ばれる山車があった。それは船の形をしていた。舟形車の行列はドイツ特有のもののようだ。

仮面・仮装は、冬の時期、とくに村に徘徊した前述のペルヒテンのようなデーモンに由来すると思われる。オーストリアのアルプス地方でも、冬に仮面と仮装をした男たち（デーモン）が鞭や鐘をもち、それらの音で悪霊祓いをおこなっていた。北ドイツではプロテスタント教会の圧力でカーニヴァルが消滅したが、フルダやフラウホレなどのデーモンの伝説は今でも残っている。仮面・仮装の習慣が農村から取り入れられたことは確かであろう。現在のカーニヴァルの仮面・仮装は不気味なものではなく、陽気な仮装が多い。

カーニヴァルの儀礼では、肉屋が重要な役割を演じた。ケーニヒスベルクでは一五八三年に九〇人の肉屋が行列して四四〇リーヴルの重さのソーセージを担いだ。カルネ＝肉＝ソーセージ、長鼻の仮面、角のある仮面は男根やセックスを象徴するという。カーニヴァルによく姿を現す毛深い「野人」と熊も、セックス＝生殖＝豊穣のシンボルである。

中世の「さかさまの世界」では、たとえば乞食が王様になり、馬が人に蹄鉄を打った。日常をひっくり返したのだ。非日常を演出したのである。遊びが現実になる場合もあった。一五二五年のカーニヴァルでは、農民がハイルブロンのドイツ騎士団の館に侵入し、騎士たちと自分たちの役割を交代させた。侵入者たちがごちそうをたべている間、騎士たちは帽子を手にもってテーブルのそばに立っていなければならなかった。「貴族のはしくれめ、今日はおいらが騎士団員さまだ」と農民の一人がいったという。

かつてのカーニヴァルにおける中傷・侮辱は農民やよそ者に対してなされた。中傷は実際の暴力へと発展した。

模擬裁判では、被告が疫病であったり共同体を乱す人（人形）であったりした。被告の人形を処刑することで、共同体の膿《うみ》をだした。最終日の被告はファッシングに見立てられた藁人形で、祭りの最後に燃やされた。これは農村部でおこなわれた、冬に見立てた藁人形の焚殺に由来すると思われる。未婚女性が犂《すき》を引っ張る模擬犂耕がおこなわれる場合もあった。これもセックスを象徴している。

模擬結婚式では花嫁は男あるいは熊であった。

カーニヴァルの解釈は難しい。というより、何とでもこじつけられる。いずれにせよ、カーニヴァルがキリスト教に対抗した都市の民俗祭であったことは確かである。これに農村部の民間習俗などが付随していったと推測される。その後、カーニヴァルは一部の村でもおこなわれるようになった。宗教改革によって消滅したプロテスタント地域でも、二〇世紀末になって復活している。今でも都市的性格が強い。ちなみに一九世紀のバイエルン農村のファッシングは肥溜めに埋葬されたらしい。

第五節　祭りと権力

祭日は乱痴気騒ぎ

時は一八世紀初頭、カトリック地域であるバイエルンのキリスト教の祭日の様子を、ある史料はこう伝えている。

祭日が二日間続くならば、初日から翌日の朝まで、非人間的な犯罪、喧嘩、呪われるべきあらゆる悪行がおこなわれる。そこには多くの場合自堕落な若者がいて、それを止めさせるべき役人もいっしょにいる。役人だけでなく、司祭もいっしょに騒いでいる。人びとは礼拝の時間になって初めて床につくが、恥も外聞もなく、礼拝を怠る。居酒屋での芸人の演奏は夜八時までと決められているのに、朝まで演奏と乱行がおこなわれているからである。農村では、祭日なのに醸造屋は醸造し、パン屋は焼き、肉屋は牛を屠殺する。しかもそれはミサの時間におこなわれる。それは、クリスマス、新年、復活祭などでおこなわれている。

図15　19世紀の版画。教会堂聖別記念祭の諸相。Fischer, p.67.

この描写は特別なものではない。祭りは、伝統的に、キリスト教の祭りであろうが農民祭であろうが、民衆にとって、いや役人や司祭にとっても、日常の憂さを発散させる解放の場であった。彼らは居酒屋に集い、飲食し、踊り明かした。それがまたさまざまな悪行、犯罪の誘引となっていた。

　図15は一九世紀の教会堂聖別記念祭の

図16　16世紀の絵画。Schneider, p.160.

諸相である。上にはお祭りに向かう臨時鉄道が描かれている。都市へ出稼ぎにいっていた人びとが、これで故郷に戻ってくる。その右には居酒屋の喧騒、左中にはお弁当と逢引の風景、右中では酔っ払いが女性にビールをかけている。向こうでは踊りの輪、かなりアルコールが入っているらしい。左下は野外に設置されたダンスホール、右下はまさに「祭りの後」である。主役の教会堂はどこにも描かれていない。教会堂聖別記念祭は村のカーニヴァルであった。

図16は一六世紀の絵画である。五月柱が見えるが、木の設置はさまざまな祭りでおこなわれていた。飲み食い、踊り、音楽。右下には吐いている人物が見える。どんちゃん騒ぎが聞こえてきそうである。

しかし、祭りのこういった行動は、エリー

トや知識人の目には教会の掟の無視、瀆神行為以外の何物でもありえなかった。

日曜・祭日は礼拝のためにある

ドイツに行ったことがある人ならお気づきであろうが、あちらの日曜・法定祝祭日には、商店はたいがい営業していない。小売店のみならず、デパート、スーパーマーケットにいたるまでほとんど店を閉めている。開いているのは駅の売店ぐらいである。それにはそれなりの訳がある。

現在のドイツ憲法第一四〇条はヴァイマル憲法第一三九条の引継ぎであるが、そこでは「日曜日、および州によって認可された祝祭日は、労働休止日、精神の高揚日として保護され続ける」と規定されている。それを受けて、各州は法定祝祭日とその保護を規定している。例外が多く設定されてはいるが、日曜・祭日には労働を休止し、礼拝に参加しなくてはならないというキリスト教会の掟を、国家が保障・保護したものである。

カトリック教会法は祭日権とミサ出席の義務を規定し、プロテスタント諸教会の規定も日曜・祭日の礼拝参加を謳っている。日曜をふくむ祭りの日は、本来、礼拝のためのものであった。祭りは「聖なる日」であらねばならなかった。

祭日の労働禁止令は、カトリック国のバイエルンでは一六世紀の反宗教改革期に登場している。一七世紀の法令は、都市、市場町（小都市）、農村の粉挽き屋が、日曜・祭日に昼夜にわたって仕事をしているが、これはキリスト教会の掟に反するものであるとして、日曜・祭日の、とくに礼拝のある午前中の粉引き仕事の禁止を定めた。

また、農村では日曜・祭日に農業に従事し、森林で木を切り、それを荷車に乗せて運んでいるが、そういった労働はキリスト・カトリック教会の掟に反し、神を冒瀆するものであるから、そういった労働は認めず、違反者には罰を与えると規定された。

日曜・祭日の労働を休止し、その代わりに礼拝に出席することが教会の掟であり、それを遵守させることが国家の責務であった。しかし一八世紀になっても、日曜・祭日に労働、たとえば家畜の放牧が行われ、村人が礼拝に出席しないことを嘆いている法令が繰り返し定められた。

ハレの日

ここには、キリスト教の倫理と民衆生活の現実との乖離を垣間見ることができる。ただ、国家や教会が嘆いたのは、民衆が教会の掟を無視してまで「勤勉」に労働したからではなかった。むしろ逆であった。民衆は日曜・祭日に放蕩に耽った。居酒屋に集い、飲酒、踊り、賭け事など享楽の時を過ごした。日本でいうハレの日である。放蕩はしばしば犯罪の誘引となった。「聖なる日」は俗なる行事と一体となっていた。

日曜・祭日は、労働を休止し祈りをささげる日であると同時に、日常の憂さを発散させる解放の日でもあった。祭日の粉引き仕事やパン焼きなどは宴会の準備であった。

また、人びとは祭りで巡礼や行列（パレード）を挙行し、あるいは宗教劇を上演した。これらは、純キリスト教的典礼というよりも、「迷信」に基づく習俗や見世物的行事であった。だから、これらすべては教会や国家にとって規制の対象とすべきものとなった。

すでに述べたが、カトリック地域においては一九世紀に入るまで一年の半分は日曜・祭日であった。キリスト教会の有名な祭日以外にも、地域ごとにさまざまな祭日があった。火事や家畜被害除け、疫病除け、狼からの被害除けなどの「願掛け祭」が数多く存在した。願掛け祭は民間信仰にもとづく習俗であったが、願いを「依頼」されたのはキリスト教の聖人たちであった。願掛け祭を一八世紀後半の啓蒙主義期まで、カトリック教会は黙認していた。農民祭や手工業祭も頻繁におこなわれた。また、結婚式や洗礼式などの私的行事も共同体の祭日となっていた。

農民祭や手工業祭は、たいてい何かの聖人祭と重なっていた。だから、礼拝もおこなわれるはずであった。図17は一六世紀の農民祭の様子である。男女が酒盛りをしている。女性のお尻を触っている男が見える。吐く男、いちゃつく男女、遠くでは喧嘩をしている。背後の建物は居酒屋である。おそらくこの中でも宴会をしているであろう。

こういった光景が、農民祭だけのものならまだよかった。クリスマスや復活祭のような第一級の祭日も同様であることが問題であった。

祭日は、民衆にとって、乱痴気騒ぎの時でもあったのだ。

図17　16世紀の農民祭の様子。Beck, *Dörfliche Gesellschft*, p.19.

祭日を削減しよう

一八世紀の啓蒙主義国家は、放蕩と怠惰の温床となっていた祭日の規制に乗り出した。法定祝祭日がつくられるようになったのはこの時期である。

バイエルンでは、一七七二年の法令において、祭りの多さが怠惰と放蕩、享楽と贅沢をうながし、敬神ではなく瀆神に至っていることを指摘した。そして、日曜日以外の法定祝祭日を、復活祭および直後の月曜日、聖霊降臨祭および直後の月曜日、クリスマス、クリスマス第二日＝聖シュテファン祭（一二月二六日）、新年、御公現祭（一月六日）、キリスト昇天祭、聖体祭、マリアお清め祭（二月二日）、マリアお告げ祭「受胎告知」（三月二五日）、マリア被昇天祭（八月一五日）、マリア生誕祭（九月八日）、マリア無原罪の御やどり祭（一二月八日）、聖ヨセフ祭（三月一九日）、洗礼者ヨハネ祭（六月二四日）、聖ペテロ・聖パウロ祭（六月二九日）、万聖人祭（一一月一日）、および各教会の守護聖人祭の一八日に限定した（復活祭と聖霊降臨祭は日曜日）。新年以外はすべて純キリスト教的祭りである。

これに日曜日を加えれば、年間、約七〇日の日曜・祭日となる。従来、一年のほぼ半分が「休み」だったことを考えれば、その数は激減したことになる。法令は、臣民はこれによって日々のパンを獲得するためにより多くの時間と機会を得るだろう、より「勤勉」になるだろうと謳っている。

祭日は居酒屋ではなく礼拝に行こう

他方、信仰心の高まりも期待された。法定祝祭日の午前と午後の礼拝中は、都市でも農村でもあらゆる売買が禁止され、居酒屋、カフェ、料理店などは例外なく閉店しなければならなかった。違反した経営者には罰則を科した。国家のねらいは、民衆を居酒屋にではなく礼拝に行かせることであった。翌一七七三年の法令は、廃止された（法定化されなかった）祭日に家、路地、畑で労働しようとする人を妨害したり、労働している人を嘲ったり虐待してはならない、これを無視する人は誰でも法令違反者として、公共の安寧の妨害者として、犯行に応じて刑事罰に処せられるとした。

この一見奇妙に見える法令は、法定化されなかった祭日を依然として挙行するだけでなく、他人にも強制しようとする共同体の縛りを予想・牽制し、法令遵守者を保護したものであった。実際、次のような事件が起きている。

ミュンスター村の仕立て屋徒弟エラスムス・ペックは、一七七八年一一月、聖マルティン祭にペッセンブルクハイム村の帽子屋で働いた。そのため、同村の仕立て屋親方マティアス・キーゲレとその息子ミヒャエルが、彼を出血するまで殴った。マルティン祭には仕立て仕事は認められていないというのが、彼らの言い分だった。領主裁判所は、廃止された祭日は自由な労働が認められているとして、暴力を振るった親方親子に対して一グルデンの罰金を科した。

徒弟が法令を遵守して働いたのか、小遣い稼ぎがしたくて働いたのかはわからない。ただ、祭り廃止の法令が出たからといって、従来の慣習がすぐになくなったわけではないことがわかる。

法令の急進化

このように、法令が発布されても、現実にそれが遵守されるかどうかは別問題であった。

一七八五年の法令は急進的なものであった。それは、人びとは廃止された祭日を依然として遵守せず、怠惰と放蕩に耽り、自ら祭りをおこなうのみならず、法令を遵守しようとする他人を罵り、脅し、犯罪的行為によって彼らの労働を妨害していると述べた。

だから、廃止された祭日を想起させるもの、つまり、前夜祭の鐘、前夜祭そのもの、前夜の礼拝、当日の鐘、教会・祭壇の装飾、ミサ、説教、献金、祈り、その他祭日におこなわれていたあらゆる信心行為を禁止した。

これは教会行事の禁止という非常に急進的な法令であった。もちろん、祭日におこなわれていた踊りなどの娯楽も禁止された。これらの日には、小売店、手工業場は通常通り平日として営業しなければならないと厳命された。罰則も身分ごとに厳しく規定された。聖職者が違反した場合は懲戒免職となった。

非法定祭日のあらゆる宗教行事の廃止という急進的法令は、啓蒙主義国家の本質を表しているが、これが民衆はもとより、教会に受け入れられたかは疑問である。

一七八五年の法令は、祭日と平日を画然と区別する試みであった。平日は俗事にのみいそしみ、法律で定められた日曜・祭日は教会（聖事）に行かねばならなかった。

人びとは教会にも行っていた

ここまで読んできた読者は、当時の人びとがまったく教会あるいは礼拝に行かなかったと誤解されるかもしれない。そんなことはない。

中世カトリック教会は、聖人・聖画像崇拝などの奇蹟信仰によって、民衆を教会に引き付けていた。彼らは教会から現世での「御利益」を受けていた。

宗教改革は教会から奇蹟信仰を排除しようとしたので、民衆はプロテスタント教会から一時的に遠ざかった。「御利益」のない教会には行かないのである。

だから、プロテスタント教会も豊作や安産などの祈りを定式化し、民衆に現世の「御利益」を提供するようになった。こうして、一時失った民衆が教会に戻ってきた。

確かに、礼拝参加の動機は願掛けや悪霊祓いといった奇蹟信仰＝魔術信仰から来るものが相変わらず多かった。また、他人とおしゃべりするためにやって来る者もいた。それでも、民衆は祭日には礼拝に行くことが多かった。もちろん居酒屋にも足を運んだが。

プロテスタンティズムが、あらゆる宗教的行為を言葉による礼拝や説教に集約しようと試みたのに対して、カトリシズムにおける民衆と教会の接点は定期的礼拝（カトリックではミサと呼ぶ）以外にも多種多様な形態をとった。ミサ以外の共同の祈り、聖地巡礼、行列（後述）、信心会（聖人崇拝の会）活動などである。奇蹟信仰も容認されたので、ミサに出席しなくとも彼らの宗教的欲望は充足された。教会との接点はより多かったといえよう。

確かに、礼拝欠席を嘆く声はプロテスタント教会同様に聞くことができた。法令もしばしば礼拝の怠りを指摘した。それでも、民衆は教会あるいは礼拝に行っていたのである。どんな理由であっても。民衆は経済的にも教会と関係をもっていた。銀行制度が普及する以前の社会において、教会や修道院は民衆に貸付をおこなっていた。一八世紀後半のバイエルンのある農村の記録によれば、教区教会と礼拝堂から農民七一名が借金をしていた。これは単なる慈善事業ではなかった。教会側は利子を取ったし、滞納の際は裁判所に訴えもした。聖と俗は混淆していた。教会が貸付業務から手を引くのは一九世紀以降のことである。

民衆は反発した

一八世紀後半の一連の祭日規制の法令は民衆から多くの反発を呼び、一七八六年には規制が緩和された。一七七二年の法令によって廃止された祭日に、正当な理由もなく労働を怠るのは好ましいことではないが、それらの日に労働を強制されてはならない、罰則は他人の労働を妨害する者のみに適用されるとした。廃止された従来の祭日に、実際は「休む」ことを黙認したのである。また、非法定祭日（平日）の教会の儀式も認められた。

しかし、たとえ成功はしなかったにせよ、とくに一八世紀後半、啓蒙主義国家が祭日に伴う民衆の迷信、瀆神、放蕩などにまみれた民衆文化を矯正し、敬神と勤勉の精神をもった民衆を創り出すことを目論んだのは確かであった。

日曜・法定祝祭日には礼拝に行って神を敬い、平日には一生懸命働く。これこそ、啓蒙主義国家が民衆に期待したことであった。こういう民衆が基盤の国家は強い。近代国家では、民衆は兵力であり労働者であったからである。

一九世紀の規制

日曜・法定祝祭日に礼拝に行かせ、「真のキリスト教」を体得させることと、迷信と乱痴気騒ぎに満ちた祭日を規制することは、表裏一体の関係にあった。そのためには、数多く存在した祭日を削減し、法定祝祭日を純キリスト教的に過ごさせることが、成功しなかったにせよ、一八世紀の啓蒙主義的国家政策であった。この目標は、一九世紀に入ってあらたに追求された。

バイエルンの一八〇一年法令は、民衆が一七七二年に決められた法定祝祭日を無視し、廃止されたはずの祭日に労働に行かないばかりか、礼拝も怠り、飲酒、踊り、賭け事などに興じていると述べている。

したがって再度、非法定祭日の、平日には挙行されない時間のミサ、説教、その他あらゆる祭日用宗教行事（行列や受難劇）が禁止された。もちろん、商店や作業場を閉めることも禁じられた。競馬、踊り、賭博などの娯楽、夕方六時前の居酒屋での飲酒も禁止された。これは、廃止された祭日の娯楽のみならず、礼拝さえ禁じた一八世紀の急進的法令の再版であった。

祭日の行列より礼拝が大事

一八〇三年以降、非法定祭日はカレンダー上で日曜日に表示することとなった。それに伴う行列（後述）などの行事も日曜日におこなうことが命じられた。祭りを日曜日に移動すれば、平日の数は間違いなく増える。

行列に関しては、聖体祭、聖マルコ祭、祈願祭だけ従来通りの挙行が許された。その他は当局の承認のもと、教区の礼拝や宗教授業が妨害されないという条件で許された。行列の数を原則この三つに限定するという政策は、バイエルン以外のカトリック地域でもおこなわれた。

もちろん、病気除けや雨乞いの類の巡礼・行列、いわゆる願掛け祭も迷信として禁止された。それは教区教会での祈りの時間で代替するように命じられた。

さらに、一八〇三年の法令は祭日の視覚的「見世物」、たとえば行列の山車に乗せたマリア像などを、「真の信仰心」を妨害するものとして禁止した。これらは、行列の花形であった。これでは行列も単なる人の行進に過ぎなくなるだろう。

これらはすべて、祭日行事につきものの現世の御利益的機能（願掛け・悪霊祓い）や見世物的機能を削いで、祭日を礼拝中心の純キリスト教的におこなうことを目指したものであった。祭日に付随する民衆の伝統的宗教文化を破壊し、「真のキリスト教」と勤労の精神を植え付けようとする一八世紀の啓蒙の論理が、再度、しかも急進的に強調された。一九世紀初頭はナポレオンの時代であった。フランス革命の論理がドイツでも実行された時代であった。

規制の緩和

一九世紀にはいると、バイエルンはプロテスタント地域も含めて領土を拡張し王国となっていた。それとともに個人の信仰の自由も法的に保障された。

一九世紀初頭の急進的規制策は、一八四〇～五〇年代に緩和された。一九世紀初頭の急進的諸法令は撤廃された。平日にも宗教行事をおこなうことが許された。行列の規制も緩和された。また、司教区および旧領邦の守護聖人祭が法定祝祭日として追加された。

とはいっても、祭日削減の原則が放棄されたわけではなかった。国王は一八四四年、これ以上法定祝祭日を増やす意思はないと表明している。実際、その後一九世紀を通じて法定祝祭日の増加は実現しなかった。

一九世紀を通じて、カトリック地域では、一七七二年の規定に旧領邦および司教区の聖人祭を追加したものが法定祝祭日として適用された。日曜日以外の法定祝祭日は二〇日であった。

プロテスタント地域の法定祝祭日は、日曜日以外では以下の通り。新年、クリスマス（二五日）と翌二六日、復活祭月曜日、聖霊降臨祭月曜日、聖金曜日、復活祭後の第三日曜日後の水曜日におこなわれる「贖罪と祈りの日」、キリスト昇天祭。計八日であり、カトリックに比べてかなり少ない。

一九一二年、カトリックの日曜日以外の法定祝祭日は一二日となった。

現在はどうなっているか

ここで現在の事情について触れておこう。ドイツは州単位で法定祝祭日を定めている。現在のバイエルン州の祝祭日法（一九八一年施行、二〇〇六年改正）によれば、バイエルン州全域に適用される法定祝祭日は、日曜日以外では、新年（一月一日）、御公現祭（一月六日）、聖金曜日（移動祭日）、復活祭月曜日（移動祭日）、労働祭（五月一日）、キリスト昇天祭（移動祭日）、聖霊降臨祭月曜日（移動祭日）、聖体祭（移動祭日）、ドイツ統一記念日（一〇月三日）、万聖人祭（一一月一日）、クリスマス第一日（二五日）、同第二日（二六日）の一二日である。

労働祭は、昔の五月祭の復活ではなく近代的労働者の祭日。ドイツ統一記念日は、一九九〇年のドイツ統一を機に設けられた祭日である。カトリック・プロテスタント両派に共通する重要なキリスト教の祭日はおおかた法定化されている。

これに、カトリック多数派地域ではマリア被昇天祭（八月一五日）、アウクスブルク市では平和祭（八月八日）が加わる。同市の平和祭は、一五五五年にルター派とカトリックの共存を認めた「アウクスブルク宗教和議」を祝う祭典である。

日曜・法定祝祭日は、例外的職業（交通、医療、警察など）を除いて労働休止が原則である。

この他に、公共の催し物（スポーツは除外）が制限される「休息日」が設けられている（一部は法定祝祭日と重複）。灰の水曜日（移動祭日）、聖木曜日（移動祭日）、聖金曜日（移動祭日）、聖土曜日（移動祭日）、万聖人祭（一一月一日）、国民追悼祭（アドヴェント前の第二日曜日で、戦争犠牲者・戦死者への追悼日）、贖罪と祈りの日（アドヴェント前の第一日曜日前の水曜日）、死者慰霊祭（アドヴェント前の第一日曜日）、クリスマス前夜（一二月二四日一四時以降）の九日である。

つまり、これらの祭日や休息日には、「どんちゃん騒ぎ」はやめて礼拝に行き、静かに過ごしましょうということなのである。ただ、その運営は各市町村に任されており、骨抜きになっている観もないではない。しかし私の印象では、とくに聖金曜日（かつては民衆文化表現の日であった）は、プロテスタントはもちろんカトリックにおいても神聖・厳粛な日となっている。ちなみにユダヤ教の祭日も法律で保護されている。

どんちゃん騒ぎは民俗祭で

それでは、かつて祭日の花形であった「どんちゃん騒ぎ」はいつおこなうのか。法定祝祭日とは別に、各地で民俗祭（フォルクスフェスト）として挙行されていることは前述した。民俗祭は世俗的要素が強く、さまざまなアトラクションを伴う娯楽的祭りである。起源が古いといわれるものが多いが、その大部分は一九世紀末以降、とくに第二次大戦後に再興、創案されたものである。

祭日は、かつてはキリスト教的要素と民衆文化的要素が混淆していた。現代では、原則的に（ということは例外もある）聖なる祝祭と俗なる祝祭の棲み分けがおこなわれている。これは近代社会の創造物である。

徐々に進んだ変化

バイエルンは農業国で、ドイツの他の地域と比べると工業化が遅れていた。しかし一九世紀後半には工業化が始まり、人びとの生活様式や考え方が変化していった。

一八六一年にバイエルンのある農村地帯を調査した役人は、一八世紀と比べて、祭りの減少とその様相の変化を記録している。そこから、現在に近い祭日文化が始まった様子が理解できる。つまり、人びとは法定祝祭日を遵守するようになり、祭日の過ごし方が変化した。たとえば共同体でおこなっていた祭りを（クリスマスに代表されるように）家庭内でおこなうようになったり、民間信仰に基づく習俗（たとえば願掛け祭）が衰退していった。教会の教えるキリスト教が浸透する一方で、宗教的無関心が徐々に進行していったのである。

一九世紀後半からは、「聖なる場所、聖なる日、聖なること」と「俗なる場所、俗なる日、俗なること」、の棲み分けが、人びとの心で徐々にではあるが定着していった。

人びとは、居酒屋で酔っ払って教会に行くことを恥じるようになった。教会では帽子を脱ぐようになった。キリスト教の祭日は静かになった。他方、多くの民俗祭がつくられ、人びとはそこでどんちゃん騒ぎをするようになった。

伝統的祭りから近代的祭りへ

一九世紀以前の伝統的祭りは、キリスト教、民間信仰・習俗（農耕儀礼・願掛け祭）、娯楽の三要素の混淆であった。これらは、同じ日、同じ場所で、共同で行われた。近代社会は、これらをそれぞれの場所に棲み分けさせようと試みた。こうして、キリスト教の聖なる祝祭とどんちゃん騒ぎの民俗祭が誕生した。伝統的民間信仰・習俗は、衰退しつつも双方の祭りにある程度残存し付着している。というより、伝統的習俗は、二〇世紀以降は観光資源として、とりわけ民俗祭として再生されている場合が多い。それはかつての伝統そのものではなく、「近代化された伝統」である。

もちろん、実際はこれほど図式的に聖と俗の棲み分けがおこなわれているわけではない。聖なる教会の祭日に娯楽がまったくおこなわれないということもないし、今述べたように伝統的習俗が復活している場合もある。しかし、それはかつての民衆文化そのものの復活ではない。たとえば、聖体祭行列の空砲（後述）が復活したからといって、射撃団が教会に入ってきて礼拝中に発砲するなどということはない（かつては実際におこなわれていた）。

今は、聖と俗の祭りの棲み分けは、一応おこなわれている。

第二章　ドイツ人の生と死

第一節　出生と洗礼

教会記録簿

かつてのヨーロッパでは各地の教会が戸籍を管理していた。人の出生から死までの記録である。教会記録簿という。洗礼（出生）記録簿、結婚記録簿、死亡記録簿が主なものである。堅信礼記録簿、婚約記録簿、家族記録簿を持つ教会もあった。

戸籍管理が世俗官庁へ移行するのはフランス革命後のことである。ドイツに戸籍局という官庁ができたのは、一八七一年のドイツ統一後であった。昔のヨーロッパにおいて、国家は教会を通じてしか住民を把握できなかった。

今、私の手元にバイエルンのザンディツェル村の一八二三年の洗礼記録簿がある。項目は、「子どもの名前」「生きて生まれたか、死産か。産婆の名前」「父親の名前」「父親の職業と宗教」「父親の住所」「母親の名前」「母親の職業と宗教」「母親の住所」「出生の年、月、時間」「洗礼日、洗礼場所」「司祭の名前」「洗礼の証人、名親。その職業と住所」。かなり詳しい情報がわかる。これについては、また後でみよう（図18）。

洗礼の意味

洗礼はカトリックもプロテスタントも受けるキリスト教の重要な儀式の一つである。しかも人生で初めておこなう儀式でもある。これによって人はキリスト教徒になるのである。ドイツ語の「タウフェン」（洗礼）は古ドイツ語の「沈める」に由来し、昔は全身を水に浸した。現在では頭に聖水をふりかけるのが一般的である。

洗礼はユダヤ教からの習慣であるが、洗礼者ヨハネは洗礼を贖罪と解釈した。彼はイエスに洗礼を施した。三世紀以来、キリスト教の洗礼は信仰告白として大人が受けるものであった。新生児の洗礼の習慣は中世になって浸透した。キリスト教の教義によれば、人は原罪をもって生まれてくるので、死にかけた赤ん坊には緊急洗礼を施さなくてはならなかった。だから新生児洗礼が普及したのだろう。昔の民間信仰でも、赤ん坊は悪魔にとりつかれて生まれてくるので、洗礼によって悪魔祓いをした。この発想が教会に取り入れられたとも解釈できる。洗礼なしで死んだ子どもはキリスト教の墓地には

Register 1823

Landgericht, Aufenthaltsort, Haus-Nummer.	Zeit der Geburt, Jahr, Monatstag und Stunde.	Tauftag, Ort der Taufe, Landgericht.	Pfarrer, oder dessen Stellvertreter.	Taufzeugen, Taufpathen, Vor- und Geschlechtsname, Stand, Aufenthaltsort.	Stellvertreter derselben, Vor- und Geschlechtsname, Stand, Aufenthaltsort.
Schrobenhausen Sandizell No. 60	Den 2ten Jenner 1823 ab. 9 Uhr	Den 2ten Jenner zu Sandizell	Anselm [illegible] Pfarrer	Joseph Anton [illegible] [illegible] v. Schrobenhausen	1823.
Schrobenhausen Sandizell No. 26	Den 26ten Jenner 1823 fr. 5 Uhr	Den 26ten Jenner zu Sandizell	Derselbe	Magdalena Zingler Söldnerin v. Sandizell	
Schrobenhausen, Sandizell No. 55	Den 9ten Merz 1823 fr. 8 Uhr	Den 9ten Merz zu Sandizell	idem	Katharina Leopold Bäurin v. Sandizell	
Schrobenhausen Sandizell No. 70	Den 22ten Merz 1823 früh 9 Uhr	Den 22. Merz zu Sandizell	idem	Anton [illegible] Taglöhner von Sandizell	
Schrobenhausen Sandizell No. 8	Den 22ten Merz 1823 Mittags 12 Uhr	Den 22ten Merz zu Sandizell	idem	Paul [illegible] Söldner von Sandizell	
Schrobenhausen Sandizell No. 55	Den 28ten Merz 1823 früh 5 Uhr	Den 28ten Merz zu Sandizell	idem	Joseph [illegible] Taglöhner von Lindach	
Schrobenhausen Sandizell No. 51	Den 16ten Juni 1823 ab. 4 Uhr	Den 16ten Juni zu Sandizell	idem	Thomas [illegible] [illegible] von [illegible]	
Schrobenhausen [illegible] No. 7	Den 30ten Juni 1823 ab. 1 Uhr	Den 30ten Juni zu Sandizell	idem	Anna Maria [illegible] Müllerin v. Sandizell	
Schrobenhausen [illegible] No. 12	Den 16ten Jul. 1823 früh 7 Uhr	Den 16ten Jul. zu Sandizell	idem	[illegible] [illegible] Söldner von Sandizell	
Schrobenhausen Sandizell No. 48	Den 2ten Aug. 1823 ab. 9 Uhr	Den 2ten Aug. zu Sandizell	idem	[illegible] [illegible] v. Sandizell	

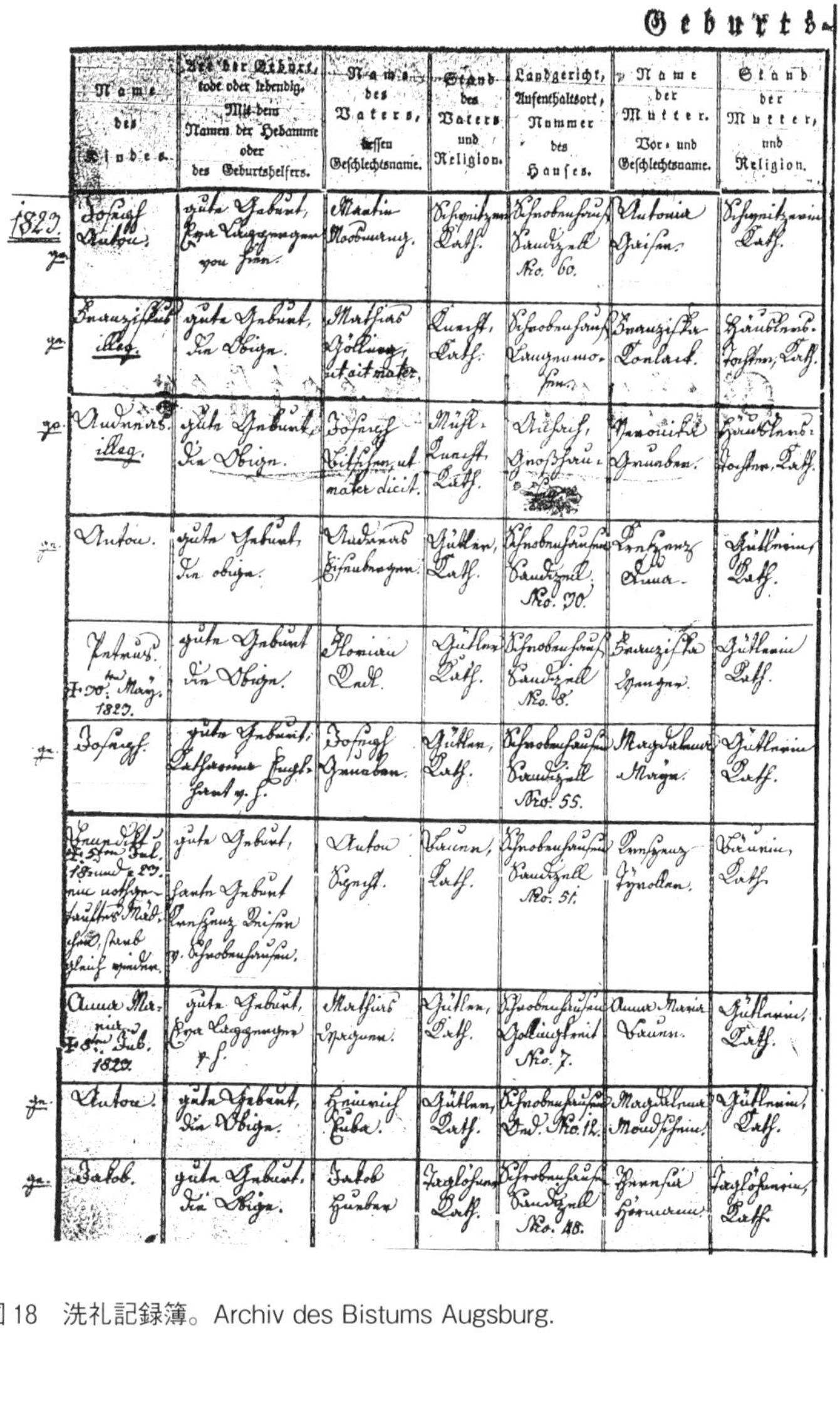
Geburts-

Name des Kindes.	Art der Geburt, todt oder lebendig. Mit dem Namen der Hebamme oder des Geburtshelfers.	Name des Vaters, dessen Geschlechtsname.	Stand des Vaters und Religion.	Landgericht, Aufenthaltsort, Nummer des Hauses.	Name der Mutter. Vor- und Geschlechtsname.	Stand der Mutter, und Religion.

図 18　洗礼記録簿。Archiv des Bistums Augsburg.

図19　洗礼石。Fischer, p.120.

埋葬されなかった。

洗礼中、司祭は原罪を取り除く言葉をいう。その後、聖油で新生児の額に十字をきる。洗礼の方法も宗派によって異なっている。福音教会はカトリック同様、聖水を頭部に振りかけるが、正教会では頭（あるいは全身）を水に三度沈める方法をとっているようだ（図19）。

洗礼の祭りと名親

バイエルンの農村では一九世紀まで、村の教会で洗礼を終えると、産婆が赤ん坊を抱いて父親、名親、洗礼証人、客（村人）とともに居酒屋に行った。宴会は五、六時間つづき、費用はたいてい名親が支払った。宴会を生家でおこなう場合もあったが、それはよほどの富農に限られた。

名親は多くの出費を引き受けた。教会に行く途中、在地の貧者や子どもにお金をばらまく地域もあった。彼は居酒屋の費用の他、産婆へのお礼金、教会への聖式謝礼も支払った。さらに洗礼後、お金を紙にくるんで「ファッチェ」(赤ん坊を足から首までしっかり包むための亜麻の帯)に入れた祝儀を出した。

出生八日後、名親、親類、女友だちが、子どもの母親を訪問し、贈り物をした。ゼンメルという白パン、細切れ豚肉、ワイン、砂糖、コーヒー、たまご、粉、脂、バター、ラム肉などである。名親は見返りに接待を受けた。ただ、この行事は金がかかったので、最初の子どものときだけに限られていたようだ。

産婦は六週間部屋から出られないか、少なくとも二週間ベッドを離れてはならなかったが、一九世紀も後半になると産後九日か一〇日でベッドから起き上がり、労働を強いられていた。工業化に伴う変化であった。これは、昔は女性を大事にしていたという意味ではない。かつては、子どもを生んだ直後の女性は不浄とされ、しばらく部屋に隔離された。産婦の左手、左足、スプーン、その他の器具が蝋でくるまれた。悪霊除けのためであった。その後、教会で産後の祝別、要するにお祓いを受け、ようやく共同体への復帰が許された。

名親の制度は古代の迫害時代にまで遡る。実の親が殉教することが多かったからである。実の親に代わって子どもの面倒をみる後見人である。一九世紀まで、ドイツでは二人の名親(洗礼証人と同じ場合もある)がいるのが一般的であった。洗礼の際、子どもに名親の名前をつける場合もあった。あるいは実の父や祖父の名前をつけた。カトリック地域では、出生日や洗礼日の聖人の名をつける習慣もあった。現在は、両親が一人から四人の名親を選ぶ。堅信礼や結婚式などの際に世話をしてくれるのも彼ら、彼女らであった。

名親の地位は重要であり、両親とその家にとって、すべての重要な事柄の助言者となった。彼（女）らは、親の死後も面倒をみた。だから、しばしば若い名親を選んだ。子ども時代、青年時代を通じて、名親は祭りの折に彼らに贈り物をした。この習慣は現在でも残っている。

昔のバイエルン地方で、最も重要な贈り物は「ゴトルヘムト」と呼ばれる服であった。早い地域では二歳か三歳、普通は一五〜二〇歳の頃に贈られた。名親は子どもが死ぬと、死装束と被り物を贈った。成人（一八七五年前は二五歳、その後は二一歳、現在は一八歳）後あるいは結婚後、名親に「ゴトルヘムト」と同等の金額が、返却される地域もあった。

洗礼記録簿を読む

前述した一八二三年の洗礼記録簿によれば、その年、ザンディツェル村（約五〇戸）では一九人の子どもが生まれた。死産（緊急洗礼）が一人いる。七人が一か月以内に、二人が半年以内に死んでいる。一九人のうち一〇人が新生児で死亡したことになる。当時の生存率の低さがよくわかる。

誕生日と洗礼日はほぼ同日であるが、なにかの事情で一週間後に洗礼したのが一人、翌日洗礼が二人いる。真夜中の出産であったのだろう。

一九人中二人が結婚外の子、つまり私生児である。一人は下僕と小農の娘との子ども。もう一人は粉挽き屋の下僕と小農の娘である。当時、バイエルンには結婚制限があった。所帯をもてる経済力のない若者は結婚できなかった。

洗礼証人と名親は同一人物で一人記載されている。女性が七人いる。私生児二人は男子で、女性が名親になっている。男性が私生児の名親になることは不名誉だったのか。二人の女児は名親から同名をもらっている。先ほど、ドイツでは二人の名親がいるのが一般的と書いたが、地域によって、都市と農村によって、かなり違いがあったのだろう。

誕生会

かつて、子どもは洗礼の日に名前をもらった。現在では親か医者が一週間以内に戸籍局に届けることになっている。かつては、先ほど見たように誕生日と洗礼日は同日が普通であった。現在は医学的理由で洗礼日を遅らせているようである。昔はいつ死ぬかわからなかったので、生まれてすぐに洗礼したのである。

自分の誕生日を祝うという習慣は、中近世のドイツ人（ヨーロッパ人）にはなかった。誕生日はプロテスタント地域の、おそらく一八世紀の上流階級から広まった。

カトリック地域では、同名聖人祭（自分と同じ名の聖人祭に祝う）が長らく一般的であった。プロテスタントでは、同名聖人祭は宗教改革で衰退したが、一七世紀に復活した。いずれにせよ、同名聖人祭は現在では廃れている。また、昔は新生児死亡率が高かったので、一年生きていると祝った。この習慣も今はほとんどみられない。

第二節　結婚

堅信礼

キリスト教のサクラメント（最重要儀式）のうち、カトリック教会（正教も）で二番目に受けるのが堅信礼である。「フィルムング」という。プロテスタントではサクラメントからは除外されたが、祝福という形でおこなわれており、「コンフィルマツィオン」と呼ばれている。受洗者が一人前のキリスト教徒になる儀式で、昔の日本でいえば、元服式にあたる。

堅信礼を受けるには、基本的な教義を理解していなくてはならない。カトリックや正教では七〜一二歳の子どもに宗教教育をおこなう。堅信礼は司教によって執りおこなわれる。プロテスタントでは、これも宗教教育を前提に、一三〜一五歳で、在地司祭によっておこなわれる。プロテスタントの場合、堅信礼によって聖餐式（パンとワイン）に参加する資格を得る。カトリックの場合、堅信礼の数年前に最初の聖餐（日本のカトリックでは聖体拝領という）を受ける。聖餐は聖書の最後の晩餐に由来しており、両派ともサクラメントになっている。

要するに堅信礼は、大人になるための通過儀礼であった。一九世紀の民法では成人は二五歳

（一八七五年から二一歳）であったが、実際は堅信礼が済むと大人と見なされた。法的な成人が一八歳である現在も、堅信礼、あるいは一四〜一五歳におこなわれる世俗の成人式（ユーゲントヴァイエと呼ばれる）でもって子どもを「卒業」する。

キリスト教の結婚の意味

カトリック教会では結婚はサクラメントの一つであり、離婚は許されないことになっている。だから、世俗法で離婚が認められて再婚したとしても、教会での儀式は許されていない。男女の結婚は教会とキリストの統一の象徴と見なされる。性行為は結婚による子どもの生産として理解される。

プロテスタント教会では、結婚はサクラメントではなく祝福である。

昔は教会婚しか認められていなかった。一八七五年以降は戸籍局に婚姻届を提出した後でなければ、教会での儀式はおこなえなくなった。

婚約と公示

婚約は昔も、法的性格をもっていた。婚約違反は裁判の対象になった。また、一九世紀以前は自由な結婚ではなかった。バイエルンの例をみてみよう。問題は両家の資産であった。つまり、つりあいの取れる家でなければならなかった。結婚したい男は仲介人（仲人）にその意思を伝える。たとえば、「俺は三〇〇〇グルデンもっている。誰かいい相手はいないか」と。仲介人はそれに見合う家の父親を紹介する。父親は仲介人とともに、場合によっては娘をともなって男の家にやってくる。家中の財産が検分される。男女がどれだけ気に入ったかは考慮されない。交渉が成立すると、求婚者の男は娘の家に行き、彼女に「アル」と呼ばれる手付金を支払う。日本の結納にあたるのだろう。娘は男に手料理を御馳走する。

その後、仲人は新郎・新婦、証人たちとともに在地の裁判所に向かう。そこで法的手続きをおこなう。定住および婚姻請願書、結婚契約書、土地台帳の書き換えである。一九世紀の前半まで、この種の手続きは裁判所の管轄であった。そこからすぐに教会に向かい、二人の証人の前で司祭によって婚約の儀式が執りおこなわれた。それらすべてを終えると、一行は居酒屋に行って宴会を催した。両親や村人も加わり、音楽と踊り、そして飲み食いを楽しんだ。

嫁ぐ娘は結婚式前に、相手の男の家に嫁入り道具や持参金を馬車で運びいれた。また仲人は、一本の瓶をもって結婚式の招待客の家々を回り、招待とともに寄付を募り瓶を一杯にした。これは結婚式後の居酒屋での宴会の費用の一部に当てられた。もちろん、こうした風習は地域ごとに異なり、すべて一様ではなかった。バイエルンでは、嫁入り道具運びは結婚式前の土曜日におこなわれた。馬車は一二時に新婦の家についた。馬車の後ろには新郎が付き従っていた。空砲が撃たれ、新郎はビアマグをもらい、新婦は宝石箱の鍵を新郎に渡した。司祭は祝別（祝福）の祈りを唱えた。新郎の家に荷が運ばれると、宴会（おそらく居酒屋）が始まった。新婦は夕方に空になった馬車で司祭におくられて実家へ戻ったという。この行事が行われた日、新郎側の死んだ親類の法要がおこなわれた。ここには祖先崇拝の影響がみられる。

結婚式前夜、今でもいくつかの地方でおこなわれている「ポルターアーベント」という行事がある。新婦の家の戸口で磁器や陶器が壊される。これによって悪霊を祓い、結婚生活が壊れないようにと祈る民間信仰である。翌朝、新郎・新婦が二人で破片を掃除すれば、結婚生活がうまくいくといわれる。これはこじつけの感がある。

カール大帝は、結婚式前の三度の礼拝中あるいは一～二週間前に婚約者の名前を公示せよと命じた。これは、近親結婚を避けるとともに、共同体の承認を得るためである。おそらくゲルマン人の習慣がキリスト教会に持ち込まれたものであろう。現在はもちろん義務付けられていない。

ちなみに、一八二三年から二九年までの「結婚記録簿」の「公示」の項をみると、たいてい誰かからの中傷があったことがわかる。人の結婚を羨むのが当たり前の社会であった。それでも結婚式はおこなわれた。

結婚式と披露宴

バイエルン農村地方では、一九世紀になっても最後の公示の日曜日の二日後、つまり火曜日に結婚式がおこなわれた。この日はあらゆる悪霊、魔術行為、悪意の妬みから守ってくれる日であった。

結婚式の当日、新婦は両親、家族、隣人、故郷に「別れの挨拶」をした。そこでは死んだ親戚への感謝の気持ちも表現された。別の村に嫁ぐ場合は、結婚式の当日あるいは前日に、死んだ親戚のミサが教会でおこなわれた。ここにも先祖崇拝の名残が見られる。一八二〇年代の「結婚記録簿」をみると、大半が別の村に嫁いでいる（あるいは婿にはいっている）。

花嫁行列の方法、習俗などは、ドイツはもとよりバイエルン各地でさまざまであった。一例を紹介すれば次のようになる。

花嫁行列は、新郎側に音楽と礼砲で迎えられる。一〇時頃、行列は花婿の家から楽隊をともなって教会へと向う。列は式が終わるまで教会前で待機する。結婚の儀式が終わると、皆が祭壇に献金し、司祭が福音家ヨハネ祭に聖別されたワインを新郎・新婦に振り掛ける。参列者にも振り掛ける。その間、新郎・新婦はヨハネワインを三度飲む。つづいて参列者もヨハネワインの杯を受ける。それらが終了すると、皆が教会から出て隣接する墓地に行き、各々、先祖の墓地で主の祈りを唱える。その後居酒屋に向けて、全員で花嫁行列を再開する。

居酒屋の亭主が全員を握手で出迎える。さまざまな料理が並べられ、ゲーム、踊りなどのアトラクションが行われる。新婦からの供物は祝福の力をもつとされているので、彼女はあらゆる料理に聖別された塩とヨハネワインを振りかける。それは魔除でもあった。

仲人は上席や末席などの配置から、料理、踊りの相手の世話など、すべてを仕切った。司祭も居酒屋にやってきたが、一時間程度で帰ったらしい。披露宴の客が二〇〇人を越す場合もあった。結婚式は、とくに農村では祭りであった。宴会は昼の一二時から夕方六時頃まで続いた。踊りが一番盛り上がった。楽団の稼ぎ時でもあった。

図20　農村の居酒屋での披露宴。16世紀後半。Schneider, p.108.

仲人の挨拶が締めであった。披露宴の費用は新郎が払ったが、客も祝儀をだした。新郎・新婦は握手で客を見送った。現在の日本の披露宴のようである。

結婚式後の最初の土曜日に、新妻は近くのマリア礼拝堂にお参りし、その日は実家に客として泊まった。マリアへの祈願と供物は安定した結婚生活の願掛けで

図21　馬車に乗る花嫁。19世紀。Fischer, p.125.

あった。

現在、花嫁は白い衣装を着るが、昔は黒を着る地域もあった。白も黒もヨーロッパでは魔除けの色である。花嫁行列の馬車は自動車に代わった（図20・21）

第三節　死

キリスト教における死の意味

キリスト教は元来、死後、人（の魂）は、善人は天国へ昇り、罪人は地獄へ落ちるという考えであった。しかし、キリスト教会の禁じる罪は一般の人びとにとっては厳しすぎるものであった。たとえば、俗なことをいえば、女性に色目を使っても地獄へ落とされることになるのである。

そこで、中世のカトリックの神学者は「煉獄《れんごく》」という概念を発明した。人は死後、まず煉獄に落とされる。ここで苦しみの罰を経験し、魂を浄化することによって、天国に昇ることができる。煉獄での罰の期間は、現世にいるの人の善行によって短縮される。善行はミサや献金などである。死者のためのミサ（法要）は、煉獄の魂を天国に昇らせるためのものである。たとえば、生前の亭主が博打や女遊びばかりやっていたので、可愛そうに思った女房は教会に献金して、一日でも早く天国に昇らせようとする。煉獄の教義は一四三九年の公会議で正式に決定された。もちろん、極悪人や無信仰者は地獄に落とされる。

ルターやカルヴァンは煉獄という概念を否定した。だから、プロテスタント教会は煉獄を認めていない。正教も同じように否定している。プロテスタントや正教では、神を信じてさえいれば天国に昇れることになっている。

いずれにせよ、キリスト教の考えでは、人の魂が現世に戻ってくることはありえない。しかし、すでに何度か言及したように、民間信仰の世界では、死者の魂は戻ってくるものであった。

現代の葬式と埋葬

葬式は、教会内か墓地の礼拝堂で聖職者によって執りおこなわれる。キリスト教は古代ローマでおこなわれていた火葬を禁じ続けてきた。二〇世紀にはいって、ようやくプロテスタント教会は火葬の禁止を解除した。カトリック教会も一九六四年の第二ヴァチカン公会議で火葬を容認した。とはいっても、とくにカトリック農村部では現在も土葬が主流である。墓地には死体安置所があり、教会内の葬式（レクイエム）の後、埋葬される。

埋葬の際、参列者は花束とともに、プロテスタントでは土を、カトリックでは聖水を振り掛け、死者に別れを告げる。また、日本同様、墓石が立てられ、そこには死者の名前、生年、没年などが刻まれる。先祖とともに埋葬されるところも日本同様である。

現在の墓地は原則的に共同体が管理していて、宗派の別なく、あるいは無宗教の人でも埋葬が許される（図22・23）。

図22　墓地。著者撮影。

図23　死体安置所。バイエルン州。著者撮影。

一九世紀以前の葬式と民間習俗

葬儀や埋葬は、共同体の結束が最も発揮される時であった。バイエルンの山岳地帯では、隣人が四週間にわたって毎晩死体のそばに集まり、ロザリオの祈りを唱え、パンとビール、あるいはブランデーを飲食したという。四週間も通夜をおこなったということだ。通夜では多くの蝋燭を灯した。蝋燭の火は悪霊・悪魔を祓うものであった。ある村では、獣脂の蝋燭を次々に消して、その悪臭で悪魔を祓ったという。

また、バイエルンの別の地域では、死体の上に広げた布の上でこね粉を発酵させ、それからケーキを焼いたという。それは葬式後の宴会で客に配られた。死者は聖なる力をもつので、そのケーキは生きている人に聖なる力を与えたといわれている。この習慣は衛生的に悪いという理由で一九世紀初頭に禁止された。

民間信仰によれば、死者の魂は口から出ていった。だから、死なせたくない人の口をふさいだり、逆に、死者が蘇ることを恐れて口をふさいだ。さらに、死者の魂が暴れるのを恐れて死体の上に草や石を置いたともいう。これも一九世紀初頭の啓蒙主義的法令で禁止の対象となった。同時に法令は、医師や検死官の到着まで死体に触れないこと、彼らによって書かれた死亡診断書を世俗の役所と教会に提出することなどを義務付けた。

埋葬前夜、棺が未婚者と子どもによって、死体が青年男女によって飾り付けられた。子どもや未婚の男女は純粋・無垢であるという考えからだろう。花輪、イチヤクソウの王冠、赤いリボン、真鍮《しんちゅう》箔《はく》、黄銅箔などである。死体を洗うのも近隣の人びとであった。地域によっては、死体洗いと飾り付けを職業とする女性がいた。死装束は黒の地域が多かったが、子どもや処女（少女）の場合は白装束であった。貧しい村では、共通の棺をもっていて、埋葬の際に死体が出され、板の上に置かれて埋葬された。また、ある村では白装束、赤いリボン、花輪、葉輪で飾られ、棺をあけたまま埋葬穴に入れられ、顔を小さな板で覆った。その後、司祭は最後の祝別をおこなった。

棺台は男衆によって担がれたが、少女の棺は四～八人の処女によって担がれた。幼児は子どもたちか一人の少女によって担がれた。葬列の際、十字架を担ったのは子どもたち、処女たちであった。それは赤や青で彩られた木の十字架で、埋葬後、墓の上に立てられた。墓は教会に隣接していた。教会のない孤立村などでは、葬列の道順が決まっていた。古い木、畑の十字架、礼拝堂などが休憩地点であった。そこでは主の祈りが唱えられた。

墓堀りは隣人によっておこなわれた。信心会があるところでは、信心会員によっておこなわれた。バイエルンでは、専門の墓堀人がいた地域は少なかったようである。

埋葬は、司祭による最後の祝別後におこなわれた。埋葬にもルールがあった。ある地域では、既婚女性は既婚女性によって埋められた。最初の出産で死んだ産婦は、いっしょに死んだ赤子を腕に抱いて、名誉のため処女によって埋葬された。

ある地域では死体の一部をもってかえる風習があった。死体には聖なる力があると信じられていたからだ。

精進落としと法要

埋葬の後、居酒屋で宴会がおこなわれた。家族、親戚、知人のほか、死体洗い屋（女性）、棺の担ぎ手、棺桶屋、墓堀人も接待された。食事より飲酒に重点がおかれたようだ。アルコールでお清めするのは日本と同じである。宴会費用は葬儀を出した家が支払ったが、貧者には逆に香典が贈られた。香典を出す習慣はとくに信心会員の間ではあったようだが、実態は不明である。

居酒屋での精進落としの後、最後にロザリオの祈りを唱え、再度墓参りする地域もあった。カトリック教会では、埋葬前に第一回目の死者ミサ（法要）をおこなった。死後（あるいは埋葬後）七日目と三〇日にも法要をおこなった。それぞれミサ後には宴会をしたが、三〇日目は大宴会となった。それは、教会でのミサの後、死者のために祭壇の階段に置く献金の対価としておこなわれた（献金は教会のものになるのであるが）。親戚は赤い蝋燭を寄付した。それはミサの間灯された。

三〇日目の法要が最後で、この日に喪が明け、遺言書の開封が許された。また、未亡人（同様に男性も）は再婚可能となった。しかし地域によっては、両親と子どもが死んだ場合、一年と三〇日喪に服した。また別の地域では、父親と名親が死んだ場合は半年、母親が死んだ場合は一年、兄弟姉妹の場合は六週間、喪に服さなくてはならなかった。とはいっても、この期間は礼拝のときに喪服を着るだけでよかった。

法令による規制

葬儀に付随する民間習俗に対して、一八世紀後半から一九世紀初頭にかけての啓蒙主義国家は規制をおこなった。すでに述べた死者の上で粉を発酵させる習慣の禁止、教会内埋葬の禁止、教会内に死体を安置することの禁止などである。これらは教会法と明らかに矛盾していたが、伝染病予防の観点で決定された。また、孤児を死体のそばで祈らせる（子どもは無垢なので）ことも禁止された。これは孤児院の収入源になっていた。また、墓堀人に故人の所有物を贈る習慣や葬列の際の十字架携行とそれを墓地に立てることも禁止された。

さらに、葬列のやり方、死者の装束、棺の仕様が規定され、棺を華美に装飾することも禁止された。葬儀後の宴会まで禁止の対象となった。

逆に、解剖された死体を教会に埋葬することが法的に許された。しかし民衆、というより教会にとっては、切り裂かれた死体は冒瀆であった。また自殺者、殺人者、場合によっては私生児でさえ、教会墓地への埋葬を許していなかったが、法令はそれを許すようになった。以前は、自殺者は辻の絞首台の下か遠方に埋葬されるか、樽にいれられ川に流された。

こういった急進的法令は、後に緩和されたり無視されたりしたが、習俗自体は徐々に消滅に向かった。良きにつけ悪しきにつけ、民衆文化の多様性は失われていった。

第三章　ドイツ人の信仰

第一節　信仰を司る人びと

現代と過去の心性の違い

ヨーロッパの大きな教会に入ると、しばしば注意書きの立て札を目にする。飲食・ペット連れ込み・喫煙の禁止、静粛にすること、帽子を脱ぐことなどである。教会内が神聖な空間であることを物語っている。

私は教会で帽子をかぶっていて注意された経験がある。教会が神聖な場所であることは、現在のヨーロッパ人にとって当たり前のことなのだ。礼拝に正装して出席する人も珍しくない。

図24は、一七世紀後半のある教会内を描いた絵である。ここには、現在では決して見られないであ

図 24　17 世紀後半のある教会内を描いた絵。Burschel, p.552.

ろう光景が描写されている。

　まず、犬がうろついている。その脇では少年二人がさいころ遊びをしている。賭けの真似事であろう。その隣には毛皮帽をかぶった人がいる。左側に目をやると、床に座った人が隣人に話しかけている。どうやら乞食らしいが、教会の床に座るという行為は現在では考えられない。後方には立ち話をしている人びと。皆帽子をかぶっている。うろつく犬がもう一匹。立ち話、帽子、犬、すべて現在の禁止事項である。飲食している人はさすがに描かれていないが、現在の教会内の風景とはあまりに違うことに驚くだろう。さいころ遊びや賭け事は居酒屋でおこなわれていたものであった。

つまり、俗世間が教会内に持ち込まれているのだ。それは、二百年、三百年前のヨーロッパ人の教会との接し方、その信仰の在りようが、現代人とは明らかに異なっていたことを推察させてくれる。

聖職者とは何者

人と神を「仲介」したのは聖職者であった。もともと聖職者とは何者であったのか。

カトリック教会では、世俗の行政区とは別に独自の教会行政区が存在していた。最上位の教会行政区は（大）司教区で、それはさらにいくつかの中間行政区に分割され、最末端に位置したのが教区（小教区あるいは聖堂区とも訳される）であった。教区は、人口の多い都市には複数存在した。農村では、中心村と周辺の小村がまとまって一つの教区を形成していた。

司教、副司教、司教座聖堂参事会員、修道院長などの高位聖職者は、少なくともフランス革命以前は、ほぼ貴族階級によって占められており、貴族の子弟の就職口となっていた。司教座教会や修道院などは多くの土地を所有し、農民から年貢を徴収していたから、食い扶持には困らなかったのである。彼らが聖職の知識をきちんともっていたかは、かなり怪しい。

中世においては、修道士も貴族出身者によって占められた。また、一九世紀初頭まで、多くの司教あるいは神聖ローマ帝国直属の修道院長は世俗の支配領域をもっていた。つまり、大きな寺の和尚が君主でもあったのである。

それに対して、教区の司祭、助祭などの下級聖職者は非貴族階級から供給されていた。都市の司祭は市民から選出されたが、農村部では領主農場の管理人を兼ねる場合もあったので、出自は農民であり、自ら農業を営んだ。聖職者の上下の身分差はかなり大きかったのである。

また、独身制の掟にもかかわらず、少なくとも宗教改革以前は、高位、下位を問わず、聖職者の「内縁関係」が蔓延していた。「結婚」していたのである。聖職者の教育程度も相対的に低かった。大学で学んだ者は少なく、下級聖職者は大学と無縁であった。

宗教改革のインパクト

宗教改革（一五一七年）は、こういった状況に一撃を与えた。プロテスタントにおいては聖職者の結婚が許されたので、彼らは都市のブルジョアジーを主な出自としつつ、徐々に独自の聖職者階層を形成していった。彼らは総監督官や宮廷牧師など国教会の要職も占めるようになった。逆に、貴族層は聖職から撤退していった。また、村の牧師も都市出身で都市で教育を受けたブルジョアジーが占めるようになった。

さらに、国家君主によって設立された大学が聖職者養成機関となり、一七世紀にはいるまでにプロテスタント聖職者の教育程度が飛躍的に上昇した。学校は教会附属であったので、牧師は教師の上司であった。その教師も一部は大学を経験するようになった。聖職者の知識人化である。

一方、カトリック世界では、トリエント公会議（一五四五〜一五六三年）が、聖職者に厳しい独身制、司祭館定住、大学や司教区ゼミナールでの神学知識の獲得を義務づけた。カトリック改革を主導したイエズス会（一五三四年設立）はブルジョアや農民も成員として受け入れたが、高位聖職者の地位は相変わらず貴族層に独占された。

ただ、一七世紀になると下級聖職者も高等教育を経験するようになった。プロテスタント同様、聖職者は徐々に知識人化した。しかし、教師の教育程度の向上は遅れ、農村部では一九世紀初頭においても教会堂番人（寺男＝鐘つき人）が兼任する場合があった。とはいっても、この寺男、大学出ではなかったが文字の読み書きに長けていた。

村の司祭・牧師は領主に頭があがらない

教区には司祭・牧師の他に助祭などの補助聖職者がいる場合もあった。教区聖職者は一七〜一九世紀前半には、とりわけ農村では唯一の知識人であった。このことが民衆と彼らを隔てる指標であった。従来、カトリック司祭の任命権（叙任権）は司教の手にあった。しかし、現実の任命は教会保護権者がおこなっていた。教会保護権者は教会の所有者と思えばよい。教会保護権は、司教、司教座聖堂参事会、修道院、君主、領主貴族、都市、時には大学や農村共同体が有した。

宗教改革は教区聖職者の任命権を法的に国家に移した。しかし現実にはプロテスタント地域でも教会保護権者である領主貴族が握っている場合が多かった。地域によっては、とくに改革派（カルヴァン派）地域では、教区民の選挙で牧師が選出される場合もあった。教会保護権者は教会建造物修復などの義務を負ったが、他方で本来聖職者に帰属すべき一〇分の一税の一部（場合によっては全部）を受ける権利、教会堂で名誉席を占める権利などを有し、教区聖職者にとっては頭のあがらぬ相手であった。

貧乏坊主？

教区聖職者の暮らし向きはどうだったのか。中世以来、聖職者の生計を保障したのは聖職禄といわれるものであった。それには、聖職に付随する動産や不動産（土地）の他、教区民から現物で納められる一〇分の一税や聖式謝礼を要求する権利も含まれた。聖式謝礼とは、洗礼、結婚、葬式などに際して、信徒が聖職者に支払った手数料である。儀式もただではやってくれなかったのである。聖職禄の大きさはまちまちであった。

宗教改革も、教区聖職者の収入を豊かにしたわけではなかった。プロテスタント地域で教会財産が接収されたところでは、牧師は国家から俸給を受けるようになった。その額は手工業者の収入と同程度であった。それでも、都市の牧師は農村より、少しはましであったという。都市は人口が多いうえに、金持ちからの寄進も多かったからであろう。

農村牧師はわずかな俸給と一〇分の一税（宗教改革によっても廃止されなかった）を受け、接収を免れた土地で相変わらず農業を営んだ。彼らも俗世間に身をおいていたのである。

カトリック司祭の場合、一九世紀初頭まで聖職録の大きさが彼らの収入を決定していた。一〇分の一税を受ける他に、司祭は自らの土地を農民に貸与し年貢を徴収した。その意味で「領主」でもあった。また、使用人を雇って自らも農業を経営した。農産品は自給のためだけでなく、市場作物にもなった。ぶどう、大麦、ホップといった収穫物が聖職録に含まれていれば、ワインやビールの醸造、販売をおこなう場合もあった。俗な仕事を兼務していたわりに、収入はそれほど多くはなかったという。

豊かな教区も存在した。たとえばベックによれば、一八世紀バイエルンのある村の司祭は、肉、ワイン、ビールを毎日たらふく飲み食いし、ミュンヘンの市場に行った折には、砂糖、レモン、香辛料（これらはぜいたく品）を大量に買い、時には新品の銀製スプーンも購入したという。「聖職」とはほど遠いイメージである。

しかし大方の司祭は、中流農民レベルあるいはそれ以下の生活水準であった。しかし、中流農民レベルなら良いであろう。助祭など補助聖職者の生活はさらに厳しかった。

しかし、教区聖職者は農民に司牧を行う知識人であり、彼らから年貢を徴収した「領主」であり、日常生活では「様」（ヘル）をつけて呼ばれる存在であった。

図25は、村の司祭が説教しているところをスケッチしたものである。どこか貧乏臭さがただよっているように感じるのは私だけか。

図 25　19 世紀初頭の村の司祭。Beck, *Unterfinning*, p.461.

一九世紀の劇的変化

一九世紀に入ると、フランス革命の影響でプロテスタントのみならずカトリック圏においても大規模な教会財産（土地）の接収が断行された。これによって、両派の聖職者は経済的基盤を完全に喪失した。もう「領主」様ではいられなくなったのである。

代替措置として、一八〇三年の「帝国代表者会議主要決議」（神聖ローマ帝国直属君主たちの会議）は、国家による教会・聖職者への公的資金援助を謳った。現在、教会収入の大部分を占める教会税は、一八三五年にプロイセン（ライン、ウェストファリア両州）で初めて導入され、一九世紀後半にはドイツの各国家で徴収されるようになった。

中世以来の一〇分の一税は一八四八年革命期までに全廃された。聖式謝礼は、プロテスタント教会では一八七〇年代以降に廃止されていった。こうして一九世紀後半には、両派聖職者・教会とも、ほとんどの収入を国家・国民からの「新たな援助」に頼ることとなった。このように一九世紀には、聖職者の経済的基盤の「近代化」がおこなわれた。

「聖職」は本当に聖職だったのか

一七世紀にはいる頃には、教区聖職者の教育程度が向上し、カトリック聖職者の内縁関係も激減したといわれる。しかし、一八世紀になっても、聖職者の不道徳、職務怠慢を嘆く声が聞かれた。

シアの著作によれば、一六六八年、オスナブリュック司教区のある教区の住民たちは、教区聖職者が、福音の神秘よりもビール樽の深さを気にかけていると、聖堂参事会に訴えたという。要するにビールばかり飲んで、職務を遂行しなかったということである。

ベーンによれば、一七三〇年、シュパイアー司教はこの司教区の聖職者について、もはや教会規律は影も形もなくなってしまっている、聖職者自身がすべての悪徳にふけっている、と嘆いた。またこの司教は、洗礼式や結婚式で教区聖職者が悪質で忌まわしい説教を行ったり、式後の宴会で酔っ払って女性と踊ったり跳びまわったりしていると記録している。一七四〇年、ミュンスター司教区では祝宴に聖職者が内妻を同伴することを禁止する法令が出されたが、遵守されることはなかった。

ダンカーによれば、一七世紀後半のバイエルンでは、密猟による鳥獣肉の買い手に聖職者が異様に多かった。聖職者は密猟肉を食べただけでなく、ときには密猟者といっしょに猟に出かけたという。

宴会好きは聖職者も例外ではなかった。バイエルンの一七七五年の法令は、修道会祭や聖職者の称号授与祭、ほぼ毎日のように繰り返される外国の客人への接待がいくつかの修道院で増加しており、毎年莫大な金額が使われ、修道院の規律が地に落ち、修道院への軽蔑が広がっているとして、あらゆる修道院に対し、修道会祭その他の祭り、修道士の集まりに際して、通常の食堂で食事しなければならないことを命令している。

これは修道院での贅沢な宴会を規制した法令である。彼らは、どこで宴会をおこなっていたのだろうか。修道院の広い空間や中庭か。禁欲・清貧という修道院のイメージとはほど遠い実態を垣間見ることができる。

礼拝の挙行は教区聖職者の第一の義務であった。しかし、その職務怠慢も記録に残っている。一八世紀、バイエルンのある地域では、司祭が不規則にしか礼拝をおこなっていなかったり、助祭に礼拝を任せきりにしていると指摘されている。また、聖職者自身によって、あらゆる種類のつまらない口実の下に礼拝が無視されている。世俗当局が監視し、礼拝をおこなわない司祭、修道僧、その他の聖職者に対しては教会財産差押えで対処せよとの命令も出た。

一七九八年には、聖職者の服装を嘆く法令も出ている。それによれば、在俗聖職者（修道僧でなく、司祭など一般聖職者）が都市でも農村でも聖職にふさわしくない服装をしている、聖職者身分の崇高性は、その外面も、良き生活態度と相まって、民衆に影響を与えなくてはならないことである、外面性の怠りは、教会の儀式や行列に際して、出席者に不快な印象以外の何も提供しないとして、彼らにふさわしい服装、つまり礼拝の時は黒服着用云々、勤務時以外も簡素な服装をするよう、派手で俗悪な流行の服装（具体的に述べられている）を禁止した。

もちろん、すべての聖職者がこのようであったわけではないであろう。しかし、法令や記録が残っているのは、そのような実態があったからである。伝統的社会の聖職者は、聖より俗にまみれていた。

牧師は国家の下僕

プロテスタント牧師を非難する記録も決して少ないわけではない。牧師職の売買、父親からの息子への牧師職の「相続」、職を得るための牧師未亡人との結婚、職務を代理人に任せて近くの都市に住む村の牧師（牧師館定住義務違反）などを、一八世紀末まで頻繁にみることができる。牧師館定住違反は、礼拝の怠りにつながったであろう。

牧師職は法的には国家の任命権のもとにあったが、現実には教会保護権者である貴族から「買う」ことが頻繁におこなわれていた。国家によっておこなわれた聖職者任用試験は形式的なものであった。牧師は領邦国家の「良き下僕」になったという報告もある。一八世紀のプロテスタント国家にとって、牧師は民衆に国家の意思を伝達する有用な「役人」であった。牧師は説教壇から法令を読み聞かせたのである。これは多かれ少なかれカトリック司祭にも当てはまった。

ブリュフォードによれば、一八世紀のバーデンでは、牧師は、行政上のあらゆる事柄について村長と責任をわかちあい、戸籍の管理のみならず、盲・聾唖者、孤児、私生児、浮浪者の人数を調査し、貧民救済の責任を負い、新兵募集名簿を作成し、学校を視察し、小川の清掃や農道修理まで監督した。こういった仕事の一部はもともと、教会に属するものであったが、それを越えて村行政の責任者となった。村長の選任にさえ牧師の監督が必要とされた。俗な仕事に忙殺されたのである。

聖職者出身の作家ヘルダー（一七四四〜一八〇三年）は、牧師は今では道徳説教家、農業経営者、名簿作成者、秘密警察官として、国家の全権のもとに存在することを許されているにすぎないと批判した。

ただ、プロテスタント牧師層が文学、学芸分野で活躍したことは注目してよい。近代歴史学の創始者ランケ（一七九五〜一八八六年）も牧師家系の出身であった。これも俗な仕事ではあったけれども。良い意味でも悪い意味でも彼らには俗世間の「あか」がついていたのである。

専門家としての聖職者の誕生

カトリック、プロテスタントとも、聖職者の聖職への専念は、一九世紀初頭からおこなわれた教会財産の国家への接収、聖職録や一〇分の一税など旧来のシステムの廃止によって可能となった。つまり、「食い扶持としての聖職」が消滅し、「俗な仕事」から解放され、さらに一九世紀には、聖職候補者に対する国家試験が厳格におこなわれるようになった。こういったことが聖職の専門化に寄与することとなった。

こうして、われわれがイメージする「本来の聖職者」が誕生する。聖俗両面性をもった聖職者から、俗世間の「あか」がおちていった。一九世紀は、聖職者の近代化の時代でもあった。現在、ドイツの聖職者の地位は教育公務員に準じている。

第二節　瀆神

教会での失禁

一七八四年三月二日、バイエルンのザンディツェル村の靴屋の息子フィートュス・フィッシャーは、領主裁判所に呼び出された。裁判所といっても特別な建物があるわけではなく、領主の居城が裁判所を兼ねていた。おそらく図26のように、一室が裁判用にあてがわれたのだろう。絵では、左の太った男が領主に雇われた裁判官。右でうなだれて判決を聞いているのが被告である。彼の手足には、もう「切り株」がはめられている。後ろの人びとは原告、証人、あるいは裁判所の岡っ引か。壁には「晒し刑」に使う器具がかかっている。

図26　裁判。Beck, *Dörfliche Gesellschaft*, p.13.

フィートュス・フィッシャーは、前日にペテロ教会でおこなわれたロザリオの祈りの最中に失禁した疑いがあった。ロザリオとは数珠のことで、それを使っ

図 27 現在のペテロ教会内。著者撮影。

て天使祝詞一五〇回を復唱する連禱《れんとう》がロザリオの祈りである。礼拝の最中に教会内で排尿したわけだから瀆神もはなはだしく、見過ごすわけにはいかなかったのだろう（図27）。

フィートュスは二六歳で、未婚の靴職人であった。父親のパウルス・フィッシャーも靴屋であったが、九年前に物故していた。フィートュスは母親アンナと二人で暮らしていた。父親の残した遺産は小さな家屋（いちおう庭付き）だけだったので、母親は紡績の内職をしていた。息子は父から継いだ靴屋仕事で家計を支えていた。犯罪歴はなかった。

領主裁判所の召喚

裁判官から、なぜ呼び出されたか心当たりはないかと尋ねられると、彼はこう答えた。
「俺の家で友だちとビールを飲んだから呼び出されたらしい。昨日の夕方、俺は森林監視員のドニ、風呂屋のアントニー、そしてゲルグル（職業不明）といっしょに、七マース（約七・五リットル）の樽ビールを醸造所からもってきて飲んだでさあ。これが呼び出された理由でしょうが、酒を飲むのが悪いことなんですかね。それで牢屋にいれられるなんておかしな話じゃありませんか。飲酒が不正なら、醸造所はわれわれにビールを売るはずがないじゃありませんか。俺たちゃ、すでに今年この種の宴会を五、六回やってますよ。この宴会には、しばしば女たちも来ますよ。ガラバウアー家（屋号）の娘のマリアとアンナ、ペーターバウアー家（屋号）の女中アンナ、それと居酒屋の女中二人でさあ」。

フィートュスは、失禁の事実を隠したかったのだろう。あくまで、友だちと自宅で宴会したゆえに召喚されたといい、そんなことで呼び出されてはたまったものではないと、裁判官に食ってかかっている。

宴会参加者の顔ぶれは多彩である。森林監視員は領主の役人で、他の連中より身分が上であった。風呂屋がどれくらいの財産もちかはわからない。ガラバウアー家は大農で、その娘たちが貧乏靴屋と交流があったのは興味深い。ペーターバウアー家も大農であったが、その女中なら貧乏靴屋と同等だろう。村の若者が身分や財産に関係なく付き合っていたことがみえてくる。

裁判官は、フィートュスがごまかしていると見抜いたらしい。「他に理由はないか、なぜ岡っ引がお前をしょっぴいてきたかわからないのか」。フィートュスは、わからないとしらをきった。

裁判官とフィートュスのやり取りは続く。「宴会はいつまで続き、その後どうした」。「ロザリオの祈りの最初の鐘まででさあ。その後、皆で教会に行きましたさ。山林監視員のドニだけは、教会の肘掛け椅子に座り、他の連中は通常の椅子に座りましたさ。俺の隣には岡っ引の息子のルペルトが座りましたさ」。

裁判官は、徐々に核心にせまっていく。「ロザリオの祈り最中、喧騒や笑い声が起きなかったか、何か不体裁なことが起きなかったか」。「知りませんね」とフィートュス。「否認すると自ら事態を困難にするぞ」と脅すと、ついにぼろを出す。「岡っ引の息子ルペルトが、礼拝後、あっしが礼拝中に小便を漏らしたと文句をいってきやしたが、誰が見ていたのかと答えてやりましたよ。森林監視員ドニや他の連中も笑っていましたが、俺には訳がとんとわからなかった」。

裁判官はフィートュスの嘘を強く感じていた。「知らないはずがないだろう。なぜ小便したのか」。フィートスは、ついにしっぽをだす。「小便なんかしやしませんよ。ただ、自分がどうやって家に戻ったかわからないんでさあ。確かに俺のズボンが足の上で濡れていましたよ。ただなぜだかわからないんでさあ。あと、礼拝中に居眠りこいたかもしれねえ」。

状況は明らかに黒であった。フィートュスは酔っ払ったままで礼拝（ロザリオの祈りは夜に行われた）に行き、そこで居眠りしながら失禁したのである。しかし、彼は最初の尋問でそれを否認し続けた。裁判官は、その日のうちにペテロ教会へ岡っ引を遣わした。教会の寺男の話では、前日の晩、教会で確かに笑い声が起こったということであった。その間、より詳しい真相を得るために、岡っ引の息子のルペルトの提案で靴紐屋の娘カタリーナ・ヴィートマンを召喚することとなった。彼女は裁判所で証言した。

「ええ。ロザリオの祈りの後、靴屋のフィートュスがあたしの家にやって来ました。彼のズボンの前面はまったくびしょぬれでした。あたしは彼に文句をいったのですが、彼は笑うだけで、一言もしゃべりませんでした。うちのとうちゃんもフィートュスのズボンがびしょぬれなのを見てますよ。いっしょについてきた岡っ引の息子ルペルトが、最初にそのことを教えてくれました。暗かったので、明かりを持ってきて確かめました」。

要するにフィートュスは、教会帰りにズボンを濡らしたまま靴紐屋の娘のところを訪れたのだ。彼女に惚れていたのだろう。岡っ引の息子は、職業上彼の跡をつけたようだ。靴紐屋の家では、娘カタリーナとその父親がわざわざ明かりをもってきてフィートュスの濡れたズボンを確認した。

フィートュスは、その間裁判所に拘束されていた。岡っ引親子が事の次第を伝え、再度尋問が始まった。しかし、彼はあくまで教会での失禁を否認し続けた。結局、フィートュスはその日のうちに帰宅を許された。判決は、事情を裁判官が領主に報告し、後日、領主の意向にそって決定されることとなった。

判決

一一日後の三月一三日に判決が言い渡された。以下のようなものであった。

ザンディツェル村の靴屋の息子、独身のフィートゥス・フィッシャーは、先日、彼が通う教区教会でのロザリオの祈りの際に排尿したことを否認し、知らず知らずに襲った居眠りだけを自白した。他方、もたらされた証拠によれば、彼が実際に失禁した可能性はきわめて高い。神の名誉に逆らう彼の不埒な悪行と腹立たしい態度はまったく弁解の余地のない耐えられないものであるゆえ、きつく譴責《けんせき》し、今後、教会での謙遜と信心を、いかにすれば真のキリスト者にふさわしいかを、そして、キリスト者の責務をいかに果たすべきかを教えこまねばならない。しかし、今後の警告のために一時間の「切り株刑」（晒し刑）とする。

酔っ払って礼拝に行くのは普通のことだった

この事件には、当時の人びとの「聖なるもの」に対する態度を垣間見ることができる。教会内で失禁したフィートゥス・フィッシャーに対して、裁判所は「不埒な悪行」としながらも、一時間の晒し刑で終わらせている。

それよりも気になるのは、泥酔していたのは、おそらくフィートゥスだけではなかったということだ。そもそも、礼拝前に宴会をするというのが、現在の感覚では、不自然ではないか。宴会仲間に何のお咎めもないのはおかしいのではないか。酔っ払って礼拝に行くことは、当時の人びとにとって普通のことであったようだ。礼拝中に小便を漏らしたフィッシャーに対して大声で笑いとばすという周囲の行為も、現在では想像できない。彼らには、フィッシャーの行為はその程度のものであったのだ。

要するに、「聖なる」空間に俗が侵入しているのが自然なことであったのだ。

本来なら瀆神行為は死刑であった

当時の知識人の目からみれば、フィートュスの行為は明らかに瀆神行為であった。中世以来、瀆神や魔術行為には厳罰が処せられてきた。

バイエルンで一七五一年に発布された刑法は、宗教犯罪を、こう規定している。

最初に、「言葉による瀆神行為」、つまり「神自体、その神聖、または聖人、とりわけ聖母マリア、あるいはキリスト・カトリック信仰、その信経、玄義、聖書、真の礼拝、または神を意図したその他の事柄について、侮辱的、軽蔑的に発言するなら」、初犯で罰金刑・拘禁刑・晒し刑、程度次第ではそれ以上の刑罰、再犯では笞刑《ちけい》（鞭打ち刑）プラス永久的国外追放、第三犯では斬首刑とする。

国外追放は一見軽い罰のようだが、追放にあたっては烙印を押された。烙印を押された者は他国でもまっとうな職業につくことができず、放浪者・乞食となるしかなかった。死刑につぐ刑罰であった。

次に「所業による瀆神行為」、つまり、「神や聖人の画像、あるいは礼拝や秘蹟執行中の聖職者へ、嘲笑と軽蔑から、それらを殴ったり、突き飛ばしたり、投げ出したり、踏みつけたり、汚したり、唾を吐きかけたり、破壊したり、その他同様の行為を故意に犯した者」は斬首刑、聖体（ミサで拝領するパンであるが、カトリックではキリストそのものを示す）を台無しにした者は火刑に処す。

言葉にせよ具体的行為にせよ、神、聖人、カトリック信仰に対する直接的な冒瀆は、最終的には死刑の対象となる厳しい規定である。

それに対して、呪いや罰当たりな発言による「間接的な瀆神」は、高級裁判権（死刑判決を出せる裁判権）の対象ではなく、領主裁判所のような下級裁判所の管轄とされた。またその罪は、そういった発言を聞いて、それを警告して止めさせなかった両親や居酒屋などに対しても同様に適用されるとある。こういった発言が、自宅や居酒屋で頻発していたことが窺える。

ここでいう「間接的な瀆神」が具体的に何を指しているかは明確でない。ただ後にみるように、言葉や所業による瀆神行為も下級裁判所で裁かれていることを考えると、抜け道が用意されていたと考えられる。

瀆神・魔術行為は、一五三二年神聖ローマ皇帝カール五世によって発布された、いわゆる「カロリナ刑法」で第一級の重罪として位置づけられている。一八世紀のバイエルン刑法でも依然として重罪であったことがわかる。と同時に、刑の軽減のための抜け道がつねに用意されていたことも確かで、フィートュス・フィッシャーのように、重い罰は実際には適用されなかった。

一八世紀においてなお、農村の民衆は、瀆神の世界に身をおいていたのである。

瀆神行為は日常茶飯事？

一七九七年六月二日の裁判記録によれば、ザンディツェル村のペテロ教会で、先の日曜の礼拝中、一〇名の人物高壇で無礼にも、おしゃべりし、下にいる人びとに向かって唾を吐きかけた。誠実なキリスト教徒に、相応しくない態度をとった。彼らは裁判所から強く譴責され、真の信心と敬神が教え込まれた。そして、今後そういった犯行におよんだら、ためらいなく身体刑になると警告され、各人に八クロイツァーの軽い罰金が科された。

これは明らかに礼拝妨害である。先の刑法によれば、「公の暴力罪」に当たり、高級裁判権の管轄であって、場合によっては身体刑、死刑が適用された。また、「所業による瀆神行為」とも解釈できる。そうなら死刑でもおかしくない。領主の温情を考慮しても、行為の程度と比較すれば軽すぎる判決といえる。

教会内での喧嘩の判例もある。

一七六三年三月一八日の判例によれば、先のマリア七つの悲しみの祭日の礼拝中、居酒屋の女房クララ・メルクルは、以前の召使カタリーナ・カールが着用していた襟巻きを、首から強引に引き剥がした。メルクルはこの暴力行為によって一グルデンの罰金を科された。しかし、この襟巻きは召使がメルクルから盗んだものと判明したため、召使には笞刑が科された。

一七八二年一〇月四日の判例では、アントン・ヘスリンガーという貧農が、四旬節の礼拝中、ヨーゼフ・ヘルファーという人物と些細な事でいざこざになり、前者が後者を殴ってしまった。ヘスリンガーは貧乏で罰金が支払えないので、二時間の「切り株刑」(晒し刑)に処された。

教会での瀆神行為は刑法では重罪であったが、裁判所では簡単に処理されていた。民衆はこの種の行為を瀆神とは認識していなかった。俗世間をそのまま教会に持ち込んでいただけであった。

司祭を侮辱してはならないはずが……

国家、そしてもちろん教会の論理によれば、聖職者は尊敬をもって接されるべき人物であった。聖職者への冒瀆は神への冒瀆を意味したからである。しかし、聖職者、とくに在地の司祭は、むしろ蔑ろにされていた節がある。

バイエルンの一六三九年法令を読むと、司祭が在地役人によって、あるいは在地裁判所下役人の岡っ引によってさえ敬意なく扱われているとある。洗礼などの集まりに際して、岡っ引が司祭よりも上席に座ったり、横柄な態度で司祭を扱っているとし、役人、とくに岡っ引は司祭その他の聖職者に相応の敬意をもって接するよう命じている。

岡っ引は、裁判所役人の命令を履行したり、犯罪者を逮捕・拘禁したりする権力の下働きであった。子分としての下僕も連れていた。日本と同様である。

皮剥ぎ屋や刑吏同様、岡っ引が賤民視されていた地域もあった。その岡っ引にさえ司祭がぞんざいに扱われていた状況を、国家が、許すことは当然できなかった。

また、聖職録受領者（司祭の職に就いた者）に対する国家の認可証交付に際して、または聖体祭などの祭日に、在地役人は司祭から宴会の接待を受けていた。これは認可証交付の返礼として習慣化したものと推測できるが、一六五四年の法令はこれを悪習と見なし、司祭による役人接待を禁止した。いずれの法令も、司祭への敬意を目的としたものである。しかし現実には、逆の実態が多々あったことが推測できる。

ラウファーの場合

司祭にたいする冒瀆的行為は一八世紀末になっても続いた。

一七九七年三月、ザンディツェル村のパウル・ラウファーという小農が、司祭館の庭から家畜用の餌を勝手に持ち帰ろうとし、司祭に現場を押さえられた。司祭はその行為を注意し、許可を取っておこなうようにと丁寧にたしなめた。それに対してラウファーは、「帽子を脱ぐこともせず」、司祭に対して暴言を浴びせ（お前はけちだ云々）、それについてあちらこちらで自慢、吹聴した。裁判所の判決は、今後同様のことをしたら厳罰に処すという条件と、証人の前での司祭への謝罪、一時間の「切り株刑」（晒し刑）であった。

この判決文は、司祭に「様」（ヘル）を付けていることや、ラウファーが司祭の前で「帽子を脱ぐこともせず」返答した、という表現に象徴されるように、司祭に対して尊敬を示すという国家の論理を体現している。

ラウファーの行為は、刑法の何罪に当たるのだろうか。前述の「言葉による瀆神行為」か「侮辱罪」に相当するのではないか。

刑法によれば、自分よりも身分が上の者、特権者への口頭による侮辱は、高級裁判権の管轄であった。名誉を重んじる社会であったので、場合によっては死刑に相当した。領主裁判所（下級裁判所）で裁かれるのは手ぬるい措置といえる。

しかも、判決文には「ラウファーの粗野で無礼な態度は、以前から至る所で有名であった」とあり、今回が初犯でないことも推測させる。「言葉による瀆神行為」ならば、第三犯で死刑となる。聖職者への敬意を目的とした前述の法令にも違反している。

以上を総合的に考えれば、これも被告への「甘い」判決という感が拭えない。しかし、裁判の現場ではこれが「妥当な」ものだったのであろう。

一般に、司祭は、農民によって必ずしも敬意を払われていたわけではなかった。一〇分の一税などをめぐって敵意をもたれた場合もあった。

教会への借金は当たり前

当時の農村は借金社会であった。個人間の借金に関する多くの判例がそれを物語っている。一七七五年三月の判例は、その中でも注目すべきものである。

ザンディツェル村のペテロ教会と礼拝堂、および当地の信心会から、ザンディツェル村および周辺村の村人が借金をし、それが滞納されているので、教会や信心会側が、返済を求めて訴訟を起こした。裁判所は利子を含めた滞納金を支払うよう命令している。滞納者は、教会に対して六一名、礼拝堂に対して一七名、信人会に対して七名。多くは一〇グルデン以下であるが、中には二〇〇グルデン近く借金している者もいる。一グルデンは現在の千円程度だから、二〇〇グルデンは二〇万円となる。

われわれの感覚からすれば教会は「聖なる施設」であるが、当時の民衆は教会を、銀行や消費者金融のように使用していた。教会側（司祭）も、利子を取っていることからわかるように同じ感覚をもっていた。われわれの「近代化された」目には、民衆と教会との瀆神的関係と映る。

聖と俗の「棲み分け」が進行するのが近代化とするならば、ここでも、まだ、聖と俗は混淆していた。

教会は民衆にとって聖なる場所でもあった

ザンディツェル村のそばにミュールリートという村があった。

一七五三年三月一三日、この村の粉挽き屋ゼバスティアン・オップロイトナーは、自らの死を予感して遺言書を口述筆記させた。その一部に、彼の信仰心を垣間見せてくれる箇所がある。

遺言者は述べる。死に際して、我が哀れな魂を神の計り知れない慈悲にゆだね、キリスト受難の功徳、マリア、聖人たちの功徳を通して、自らも慈悲深くありたいと。亡骸は、カトリックの慣習にしたがってシュローベンハウゼン市（この地方の中心市）の聖ヤコブ教会の亡き母カタリーナのそばに、ミサをともなって埋葬するよう指示された。そして、三〇日目の法要には貧民に一シェッフェルのライ麦（約一七四キログラム）から作ったパンを喜捨するよう述べられた。

ここに見られるのは敬虔なキリスト教徒の姿である。オップロイトナーが来世の安寧を求めていたことは確実である。来世信仰はキリスト教の本質であった。決して当時の人びとが、現世での「御利益」だけを教会に求めていたわけではないことがわかるであろう。法要（死者ミサ）の場としての教会は、民衆にとって聖なる場所でもあったのだ。

と同時に、この粉挽き屋は、ミュールリート村のウルズラ教会から一〇〇グルデンもの借金していた（相続人が支払うよう指示されている）。彼の心の中でも、教会の聖性と俗性が混淆していたのである。

第三節　奇蹟

奇蹟信仰に頼る人びと

キリスト教は、本来、「神の国」（天国）に入ることを唯一の目的とする来世信仰である。しかし人びとは、現世でのさまざまな困難からの解放、あるいは願望の充足を期待して、キリスト教に頼ってきた。たとえば、マリア像に安産を懇願し、聖人に病気からの回復を祈り、聖体（ミサで拝領するパン）を畑に撒いて豊作を祈願した。奇蹟信仰である。単純にいえば現世の「御利益」を求める信仰である。

図28は、バイエルン・アルトエッティングの聖母像に願掛けする人びとを描いた一四九七年の木版画である。癒しを求める蝋製の身体器官が奉納されている。昔は蝋は高価であった。蝋燭は現在でも

願掛けの供物として多く使用されている。

奇蹟信仰はカトリック教会の戦略

ルターやカルヴァンは、聖画像や聖遺物（聖人の遺した遺品）などから現世の「御利益」を引き出そうとする中世カトリック教会の奇蹟信仰を魔術行為として否定した。以後、プロテスタントでは、聖画像、聖遺物などの奇蹟に頼ることが原則禁止された。

図 28　聖母像に願掛けする人びと。1497 年の木版画。Bauer, p.75.

同様に、カトリックのトリエント公会議も民間の魔術行為を厳しく断罪した。しかし他方で、カトリック教会は、聖画像・聖遺物崇拝、あるいは巡礼など、奇蹟信仰に直結する行為を容認した。聖画像などの崇拝は、そこから「見返り」（御利益）を受けるためではなく、それを通して聖人、ひいてはキリスト＝神への信仰を高めるという「こじつけ」で容認したのである。カトリック民衆は、ひきつづき奇蹟信仰に頼ることが可能であった。パッサウ司教区の「奇蹟本」は、一六三〇〜一七四四年にマリア巡礼地で起こった千以上の奇蹟を記録している。トリエント・カトリシズムの先鋒であったイエズス会は民衆の奇蹟信仰を戦略的に利用した。たとえば、彼らは、ミュンスターの民衆に悪霊を家から追い祓うために聖水を散布するよう勧め、自らも悪魔祓いを実践した。教会公認ならば魔術行為も神の奇蹟となった。

教会の鐘は万能薬

一八世紀になると、この種の奇蹟はカトリック地域においても魔術行為として断罪された。一八世紀後半のバイエルンの法令で民衆の奇蹟＝魔術信仰を代表していたのは、雷雨の際に教会の鐘を鳴らす行為であった。一七八三年の法令は、嵐の際の鐘鳴らし行為をあらゆる場所で禁止した。当時の民衆の信仰世界では、雷雨は大気中の悪霊が引き起こすと信じられていた。彼らにとって、聖別（お清め）された教会の鐘（図29）とその音は霊力が宿るものであった。だから、鐘を鳴らすことによって悪霊を祓い、嵐を鎮めたのである。

しかしそれは、国家や教会の論理では、魔術信仰と見なされた。法令教区司祭に対して、教区民からそういった「迷信」を取り除き、鐘鳴らしが落雷を誘い、大きな人的・物的被害をもたらすことを理解させるよう命令している。鐘楼にのぼった鐘つき人（寺男）の感電死や、落雷による火事が多発

図29 ミュンヘンのマリア教会の鐘（絵葉書）。

したからである。同様の法令はその後も数回発布された。

一七八四年の法令は、前年に発布された法令が無視されているのみならず、鐘つき人に鐘を鳴らすよう強制しているとし、具体的な罰則を規定している。それによれば、雷雨に際して鐘を鳴らしたり、そう仕向けた者は三〇グルデンの罰金、支払い能力なき者は矯正院送り、再犯者は二倍の罰金または身体刑、寺男に暴力をもって強制した者、あるいは暴力をもって鐘楼に入り込み自ら打鐘した者は、公共の秩序破壊者（死刑となる）として対処するとしている。

しかし、これはほとんど遵守されなかった。民衆の奇蹟信仰は依然強かった。一八九一年の法令は、以前の法令を繰り返し、司祭や世俗当局に、あらゆる機会に民衆の「迷信」を取り除き、「神の恩寵」にのみすべての信頼を置くこと、それを「祈り」を通してのみ求めることを説くよう述べている。

キリスト教の本質からすれば、祈りはそれによって必然的に「御利益」をもたらすものではなく、すべての結果は「神の恩寵」から来るものであった。鐘の持つ奇蹟＝魔術的効力に頼る民衆の信仰を矯正し、「真の宗教」の意味を説いた法令であった。しかし「祈り」も、「御利益」をもとめる「呪文」となれば魔術行為である。民衆が法令の意味をどれだけ理解できたかは疑問である。

カトリック教会は、民衆にとって、依然として、奇蹟信仰＝魔術を提供する場であった。

雷には空砲を撃て

空砲には、邪気祓いの機能があるとされ、雷雨時には打鐘とともに発砲がおこなわれていた。一七八四年の法令は、雷雨時の打鐘は有害であるが、発砲が「有効あるいは有害」であるかは従来の経験からも物理学的実験によっても証明、説明され得ない、だからさしあたり存続しても良いと述べている。雷雨時の発砲行為が、有効か有害かは説明され得ないという文言によって、この法令自体も魔術信仰を残存させていたといえる。

しかし一七九二年には雷雨時の発砲が禁止され、違反者には打鐘行為同様の罰則が科されることとなった。ところが、国中から苦情と禁止の撤回が提出されたので、すぐに再び容認されてしまった。発砲による天候回復という魔術信仰がいかに強いものであったかが理解できよう。

発砲が邪気を祓い空間を聖化するという信仰は、祭日の行列の際の発砲も同じであった。聖体祭の行列で、人びとは村落の畑を巡回し、各所で発砲した。それは畑を聖化し豊穣をもたらす儀式であった。一七七三年には、聖トーマス祭、クリスマス、新年、御公現祭、あるいは結婚式などの際の発砲が、火事などの原因になっているとして、都市でも農村でも禁止されている。一九世紀にはいっても、同様の法令がバイエルン他のカトリック圏でも出された。

民衆にとって、祭日は空間から邪気を祓う日であった。だから発砲したのである。他方、啓蒙主義権力にとって、それはもはや迷信であり、火事の原因と認識されていた。

鐘にせよ発砲にせよ、当時の民衆は音に力を感じたようである。子どもの頃、運動会の朝に鳴らされた（今はあまりないようであるが）空砲は開催を通知するためのものと思っていたが、あれも本来は邪気を祓う行為だったのではないか。運動会の空砲は西洋から輸入された習慣と思われる。

現在のドイツでは、新年に発砲する習慣が復活している。迷信的風習が完全に消えることはないのである。

ちょっとした魔術は大目にみよう

魔術信仰に関する裁判所の記録を覗いてみよう。法令では、雷雨時の打鐘が問題になったが、判例にはまったく登場しない。実際には黙認されていたと推測される。

一七八三年七月、他国から来たフィリップ・ショーンアウアーという若者が、バイエルンのザンディツェル村において、禁止されている迷信的な治療の呪文を使い、病人だけでなく家畜も治せると主張した。領主裁判所は、今後、同じ事を犯した場合は矯正院に送るが今回は減刑するとして、二グルデンの罰金を科した。

一七九六年七月、同じくバイエルンのランゲンモーゼン村の小農ミヒャエル・ヴィンターマイアーは、数週間前に部屋においてあったトランクから五五グルデンを盗まれたため、妻とともにペトメス町の皮剥ぎ屋ヨハン・フーバーのところに行って、誰が盗んだか聞こうと試みた。その皮剥ぎ屋は迷信的行為と文言によって、ランゲンモーゼン村のアンナ・マリア・ハルニシンが盗人だといい、ハルニシンはお金を返さないと一四日以内に死ぬだろうといった。それを聞いたハルニシンは領主裁判所に訴えた。裁判所はヴィンターマイアー夫妻に対して、以下のように説明した。そういう方法は罪深く罰すべきものであり、強く禁止されているのみならず、決して法的証拠とはならないと。かくして被告のヴィンターマイアー夫妻は厳しく譴責され、当局の前で、訴人の無実を宣言し、侮辱を謝罪しなくてはならないとされた。夫妻はそれぞれ一時間の「切り株刑」と「ヴァイオリン刑」（いずれも晒し刑の名称）となった。

皮剥ぎ屋は死んだ家畜の処理を扱う業者で、皮は皮なめし屋に売った。当時は賤業扱いされ、その特殊性ゆえ呪術師を兼ねる場合もあった。占い師は、当地の領主の裁判臣民ではなかったので、当裁判所では裁かれてはいない。

刑法は「実害のない迷信的行為は拘禁、晒し刑、追放刑、場合によっては笞刑」と規定しているが、ショーンアウアー罰金で済んでいるし、ヴィンターマイアー夫妻は一時間の晒し刑である。後者は犯人と名指しした女性への「侮辱罪」が成立するし、「害をもたらした」とも解釈できるわけで、少し「甘い」判決である。

晒し刑は本来、それによって名誉を失い、共同体から蔑まれるという屈辱をともなった。しかし、一八世紀にはその効果が薄れ、逆に晒し刑となることで共同体への復帰を果たしていたようだ。しかも一時間ならたいしたことではなかったであろう。

魔術信仰を悪魔崇拝、魔女信仰として死刑にするような時代は過ぎていた。些細な魔術行為の大部分は大目にみられていた。

プロテスタントも奇蹟を必要とした

宗教改革者が、奇蹟信仰を「魔術」「迷信」として排除しようと躍起になったプロテスタント地域においても、民衆はそう簡単には魔術的思考と縁を切れなかった。ルター派は洗礼時の悪魔祓いの儀式（聖油を塗り聖水で十字をきる）を容認した。洗礼は、教会法によれば、キリスト教共同体に新生児を受け入れる儀式である。しかしその背後にあったのは、生まれてきた子どもには悪魔がとりついているという考えであった。だから悪魔を祓ったのである。悪魔祓いなしで死んだ子どもは、キリスト教の墓には埋葬されなかった。

教会が奇蹟信仰から手を引くと、人びとは民間の呪術師のところに集まった。図30の絵にはさまざ

図30　さまざまな占い師。Schneider, p.190.

まな占い師が描かれている。左は水占いと火占い、中央は内臓占い。どうやら獣の内臓を開いているようである。右にはドクロ占い師が見える。

一七世紀初頭、プファルツという国のカルヴァン派＝改革派の居酒屋は、行方不明となった馬を捜すため占い師に頼ったという。一八世紀末になっても、ルター派ヴュルテムベルクのある村で家畜の病気を治すためにその家畜を生き埋めにした。それで治ると信じていたのである。

迷信は、とりわけ農村部で強固に残存した。民間治療師、占い師、手相見、呪術師、錬金術師、予言師などの行為を、一八世紀の教会当局はたびたび非難した。逆にいえば、彼らの存在は民衆の信仰を代弁するものであった。

ただ、民間魔術を否定したプロテスタント教会自身、現実の司牧の場では奇蹟を提供した。そうしなければ、民衆が教会に来ないからである。だから、多くの願掛けの「祈り」が定式化されたのである。安産、旅の安全、豊作祈願等々、現世の「御利益」を引き出す「祈り」である。カトリック教会が聖画像や聖遺物などの「物」に頼ったのに対し、プロテスタント教会は「祈り」によって「御利益」を引き出そうとしたのが特徴であった。

一七八〇年の記録は、ルター派国家ザクセンのある農村牧師父子の逸話を紹介している。父親は牧師であったが、手相見、占い師としても民衆の人気を集めていた。牧師がおこなえば占いも容認されたようだ。父親の死後、息子が書斎で本にはさまれた一片の紙を見つけた。それには、息子は牧師任用試験前に死ぬだろうと書かれていた。驚いた息子は予言を回避するため法学部に入ろうとしたが、神学教授から予言は根拠のない迷信だとして神学部に行くよう説得されてしまった。大学卒業後に課された牧師任用試験の前、彼は病気にかかってしまう。今や死を確信した彼のもとに有名な医者がやってきて、「君の父親は予言の計算違いをしていた」と説き伏せた。彼は全快し、牧師職に就いたという話である。

確かに、カトリックに比べると、一八世紀にはいると、プロテスタントの「魔術からの解放」（マックス・ウェーバー）は始まる。しかしそれは、都市部の限定された階層に限られる現象であった。プロテスタントの民衆も伝統的奇蹟や魔術信仰を捨てなかった。

一九世紀中葉になっても大学の医学はそれほど浸透しておらず、農村部では民間医療が中心であった。バイエルンでは一八六〇年頃でも、農村人口の約六〇％が大学出の医者にかかることなく死亡したという。大学出の公医が各郡に配置されていたにもかかわらずである。民衆は伝統的民間医療を選択することが多かったのである。サイエンスとテクノロジーの浸透は、簡単に進行したわけではなかった。

第四節　現代ドイツ人の信仰

サイエンスは「現代の奇蹟信仰」となるか？

両派とも、奇蹟信仰＝魔術の追放は一筋縄ではいかなかった。教会は魔術行為を否定すると同時に、自らは奇蹟を提供しつづけた。奇蹟信仰とは、現世の「御利益」を求める信仰である。これは、来世信仰としてのキリスト教には本来そぐわないものである。現世の「御利益」は、いわば「俗事」である。教会は最大の俗事を扱っていたことになる。

「近代の奇蹟」としてのサイエンスとテクノロジーが、それに取って代るには時間を要した。俗事を科学に託すには時間がかかった。というより、完全に取って代わることは不可能であった。

現代社会でも伝統的奇跡信仰は生きている。図31はあるカトリック教会内の記帳である。「神様、癌

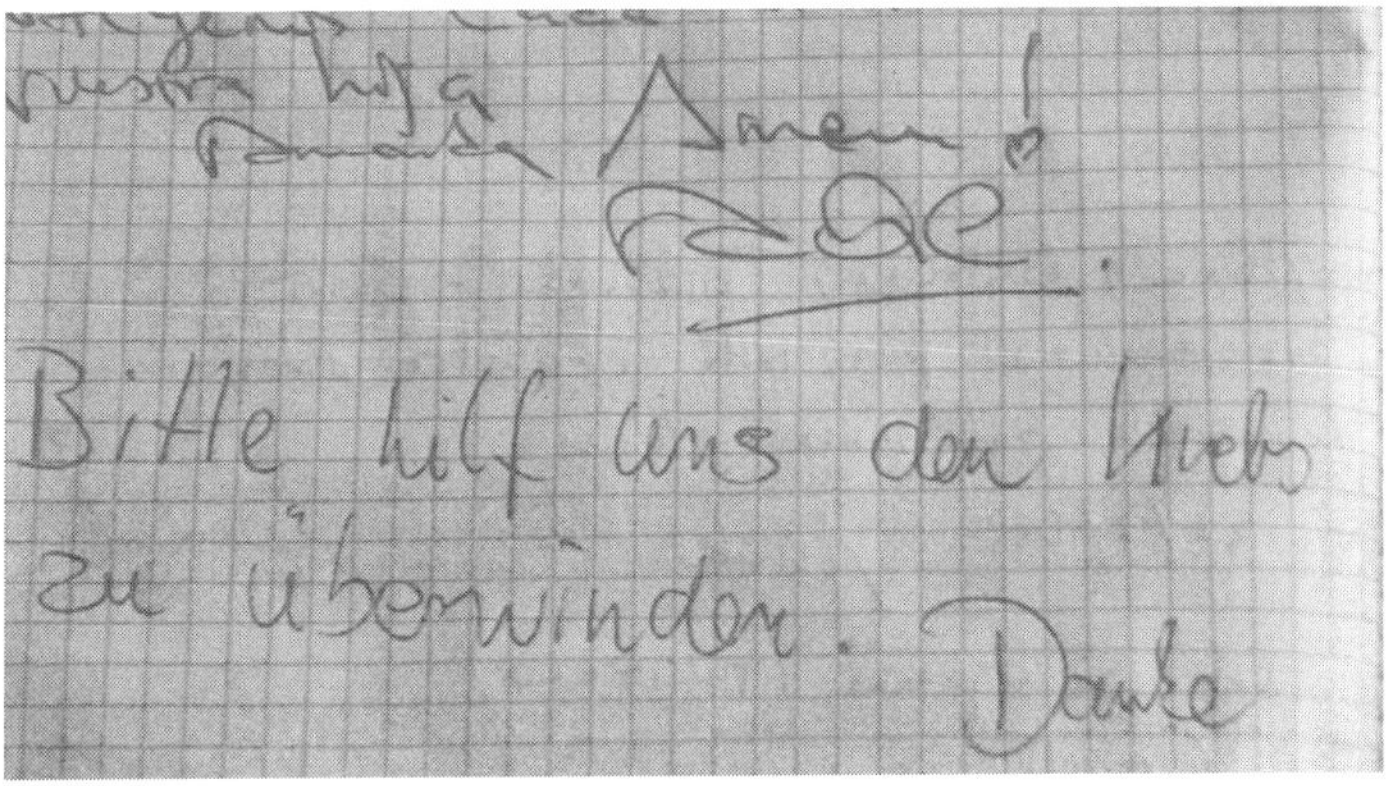

図 31　あるカトリック教会内の記帳。著者撮影。

図 32　あるマリア礼拝堂に奉納されていた絵馬。著者撮影。

を克服できますようにお助けください」と書かれている。現代人は字が書けるので、教会内の専用ノートに願いを記すことが多い。図32は、あるマリア礼拝堂に奉納されていた絵馬である。いずれも「マリアが救ってくれた」と記されている。ドイツでは、日本のような願掛けではなく、お礼の絵馬が多いのが特徴である。

現代とキリスト教

ドイツで信仰されている宗教は、ローマカトリックとプロテスタント（ドイツ福音教会）がほとんどである。プロテスタントは北ドイツ、東ドイツ、カトリックは南ドイツ、西ドイツに多い。現在、両派の人口はどちらも、ほぼ二千六〇〇万人程度で拮抗している。ヨーロッパの国で、このような宗派のコントラストが目立つのは珍しい。

現在のドイツの人口は約八千二百万である。プロテスタント・カトリック両派合わせた人口は約五千二〇〇万人、キリスト教の他宗派、他宗教の人口は、イスラム教（約三〇〇万人といわれている）を除けば取るに足らない数字である。これは全人口の約三割の無宗教申告者が存在することを意味している。この無宗教者は、主に旧東ドイツ地域に集中している。社会主義の影響が大きかったからである。

それならば、五千二〇〇万の人びとは「真のキリスト教徒」なのか。ドイツでは小学校で宗教授業をおこなっているので、キリスト教の知識を身につけている人は以前に比べて格段に増えた。逆に、迷信を信じる人は格段に減った。

しかし、キリスト教徒でも礼拝に毎回必ず出席しているわけではない。私の印象では、カトリック教会の礼拝には老人が多いように思われる。プロテスタント教会は一種の交流センターになっているように感じる。もちろん、困ったときはカトリックもプロテスタントも神の奇蹟を期待するだろう。死後は天国に入ろうと、熱心に礼拝に通う人もいるだろう。ただ、迷信をも含めて信仰とするならば、信心深さは後退している。サイエンスという新しい「信仰」の後ろで。

第四章　ドイツの巡礼

第一節　巡礼とはなにか

巡礼という言葉の意味

日本語の「巡礼」は、巡って礼拝すると書く。中世史家の渡邊昌美や今野國男も書いていることだが、四国八八ヵ所や西国観音三三ヵ所の旅路は、複数の霊場を巡る円環運動である。板東三三ヵ所、秩父三四ヵ所も同じである。それに対してヨーロッパの巡礼は、エルサレム、ローマ、サンティヤゴ・デ・コンポステーラなどの有名な巡礼地に、遠くからはるばる旅をして、聖地にたどりつき、また故郷へと帰っていく。いわば直線的運動である。これは伊勢参りや熊野詣でなどに近い。金毘羅参り、成田詣で、大山詣でも同じである。ヨーロッパの巡礼は「詣で」や「お参り」と訳した方が、われわれには理解しやすいのかもしれない。イスラム社会のメッカ巡礼も直線的運動である。また、もともと日本の霊場巡りは、霊場そのものよりも、歩いて巡る行為が目的であった。ヨーロッパの巡礼も歩くことに意味をもたせたが、霊場に到達することが目的であった。今日では洋の東西を問わず、タクシーやバスを使う観光巡礼が増えているが。

英語で巡礼を表す「ピルグリミッジ」のもととなったラテン語は「ペレグリナーチオ」peregrinatioであるが、これはもともと「遍歴」「放浪」「寄留」といった意味で、今野國男によれば、一一世紀頃からこれに「聖地参拝」「聖人の遺骨を拝みに行く」という今日的意味が付け加わったという。ドイツ語で巡礼を表す「ヴァルファールト」Wallfahrtのもとになった動詞「ヴァレン」wallenも、『語源辞典』によれば「放浪する」という意味であった。これに一六世紀から「聖地参詣」の意味が付け加わった。現在の辞書で「ピルグリミッジ」や「ヴァレン」を引くと、「巡礼する」のほかに「放浪する」の意味も残っている。

中世において、文字は神学者などエリートのものであった。教会・神学関係者にとっての「巡礼」は、もともと「神の国を求める流浪の旅」であった。神学者たちは、創世記第一二章第一節以下の「主は、アブラハムに、あなたはあなたの生まれ故郷、あなたの父の家を出て、私の指し示す土地に行きなさい」というくだりや、新約聖書ヘブル人への手紙第一一章第一三節の、アブラハムたちは「彼らが地上では旅人であり仮住まいの者であると告白した」という箇所などに、「ペレグリナーチオ＝巡礼」の姿をみた。どこにあるのかわからない目的地「神の国」をもとめて旅をするというイメージである。神の国は来世にあるのだから、現世で人は仮住まいの者であり、永遠の旅人という巡礼像である。キリスト教は来世信仰であるから、神学者たちがこういった解釈をしたのもうなずける。

しかし、民衆の信仰はまた別のところにあった。ラテン語の「巡礼」の意味が一一、一二世紀頃に「放浪」から「聖地参拝」へと変化していったのは、民衆レベルの「聖地参拝」への情熱がこの時期に増大したからである。言葉の意味が、実態に合うように変化していったのである。

巡礼の動機はさまざまであった

古来、民衆はなぜ「聖地参拝」(以後、巡礼と呼ぶ)をおこなったのか。中世では、教会や世俗の裁判所が科す刑罰としての巡礼があったが、人は基本的には自発的に聖地へと赴いた(後にみるように共同体の行事としておこなわれるものもあったので、必ずしも自発的とは言い切れないが)。

巡礼の動機として、まず思いつくのは「救い」である。人は、来世と現世での救いを求めて旅立った。キリスト教は天国に入ることを最終目標とする宗教であるから、来世での救い＝天国を求める巡礼は純粋な信仰心からの巡礼といって良いかもしれない。敬虔な修道士や信者は現世利益から超越し、純粋な神への信仰心から、あるいは罪の許しを求めるために、自発的に巡礼をおこなったのだろう。現世利益から離脱しようとする修行やイエスの苦しみにならう苦行といっても良いかもしれない。ここまで大袈裟ではなくとも、信者は「天国への道」のために巡礼に赴いた。

現世での救いを求める巡礼は、現世の「御利益」が目的であった。巡礼者の目的は、巡礼地の聖人に物質的要求、とりわけ身体的障害や病気の治癒を祈願することである。巡礼者は聖人に供物として蝋燭、穀物、金銭などを捧げ、願掛けした。蝋燭は高価であり、治癒したい身体部位の蝋製の模型を奉納する場合もあった。大願成就するとお礼参りに行った。

一三世紀中葉以降は、故郷にいながら諸聖人の加護を祈り、治った暁には巡礼に出ますと請願する形態が普及した。そこで、御礼の絵馬や以前使用していた松葉杖（病気治癒の象徴）、治癒した手足の模写などを奉納した。

また、巡礼地で売られているロザリオ、小聖画像、巡礼メダルなどの記念品は、たいてい聖職者によって祝別（神の祝福を付与する儀式）や聖別（世俗から引き離す儀式。効力は永遠）、要するにお祓いやお清めされていた。あるいは、それらを購入することによって贖宥《しょくゆう》（罪の償いのための罰の免除）が与えられる場合もあった。だから、これらの記念品は奇跡的力を宿す護符の役割をもった。また、軍役成功のために聖人の加護を求める貴族の巡礼も、現世の「御利益」を求める巡礼である。

巡礼の中心的動機が聖人・聖遺物への奇蹟信仰にあるとするなら、キリスト教の本質とは本来一致しがたいものであった。先に述べたように、キリスト教は、天国に入ることを最終目的とする来世信仰だからである。現世は浮世の幻であった。しかし、死んで天国に行けるだけでなく、現在の生活の困難をどうにかしたいというのが人情であろう。民衆は現世での苦難からの解放を奇蹟＝御利益にもとめたのである。

巡礼は、教会法に規定されるような信者の義務ではなかった。教会の収入になったので大方容認されていたが、巡礼を否定的に捉える神学者、聖職者も少なくなかった。有名な教父ヒエロニュムス（四世紀後半〜五世紀初頭）は、パレスティナは聖地どころか、キリストの血が流された呪いの地であると攻撃した。一〇八六年頃、後のカンタベリ大司教アンセルムは、「キリストの貧者たらんとする」若者たちに対して、エルサレムへ行くよりも修道生活を選べと勧めた。一三世紀ドイツの説教師ベルトルト・フォン・レーゲンスブルクは、サンティヤゴ・デ・コンポステーラへ巡礼するよりも故郷にとどまってミサに出席するほうがより多くの祝福が与えられると述べた。

ヒエロニュムスは、巡礼が道徳的堕落を伴う物見遊山となる危険性を指摘し、キリストの十字架の地や復活の地は、売春婦、芝居役者、道化師などで満ち溢れている述べた。

この指摘は、巡礼のもうひとつの重要な側面を言い表している。つまり人びとは、聖地での奇蹟を期待する以外に、物見遊山として巡礼に行ったということである。純粋な信仰心からの巡礼、あるいは現世の「御利益」獲得のための巡礼が、物見遊山に堕落してしまう場合があったというほうが正確かもしれない。日本でも、京都の向日市にある旧物集女村では、十代のうちに西国巡礼をしないと嫁をもつことができないという慣習が戦後まで残存していた。その折、若者の巡礼者は伊勢の玉城町に立ち寄り、そこで一泊する習慣があった。玉城町には遊郭があり、若者たちは「筆おろし」をしたという。この風習は、昭和になると、風紀上好ましくないとの理由で禁止された。伊勢神宮のそばにも遊郭があった。大山参りや富士講にもこの種の要素が多かった。大山参りなどは講で行ったが、講はヨーロッパでいう信心会である。

物見遊山は道徳的堕落をもたらした。とくに女性の巡礼者は危険であった。七四四年、ミラノ大司教は司教区会議で、女性や修道女のローマ巡礼を禁止するよう要請した。彼女たちの大部分が落ちぶれて、売春婦として生涯を終えるからだという。エルサレムへの巡礼が売春の温床となっていたという記録もある。ドイツには「巡礼者として出発し、売春婦として戻ってくる」という諺があった。男性が享楽を求めて巡礼に出かける場合もあった。彼らは「にせ巡礼者」であった。盗賊まがいの輩も巡礼者にまじっていた。

さらに、実態は不明であるが、中世ドイツのある地域には巡礼結婚と呼ばれるものがあった。巡礼期間だけ一時的に「婚姻関係」を結ぶのである。臨時の新婦が、巡礼で身ごもることを期待したのだろうか。共同体の人口（働き手）増加をねらったものなのか、あるいは豊作の象徴であったのか？

巡礼結婚はともかく、巡礼での男女の性的関係は一般的なことであった。

第二節　宗教改革と巡礼

宗教改革とトリエント公会議

ルターやカルヴァンといった宗教改革者は、聖人・聖遺物崇拝、奇蹟信仰およびそれと結びついた巡礼を、迷信・異教的信仰として排斥した。プロテスタントは原則として巡礼をおこなわなくなった。

これに対してローマ・カトリック教会は、トリエント公会議（一五四五～一五六三年）を開き、聖人・

聖遺物・聖画像崇拝や巡礼を積極的に認めた。しかし同時に、聖画像に神性または神の能力があるかのように崇敬してはならない、過去の異邦人が偶像に期待したように聖画像に何かを求めてはならない、聖画像に対する崇敬は表現された「原形」に向けられるものであるとして、聖画像そのものに何か霊力が宿っていて、そこからの見返り（現世の御利益）を期待する信仰を否定した。つまり奇蹟信仰を否定した。大切なのは、聖画像＝視覚的物体の向こう側にある「原形」、つまりキリストに倣った聖人、そして最終的にはキリスト＝神への信仰であった。これはもちろん聖画像のみに当てはまるのではなく、聖人への祈り、聖遺物崇拝や巡礼も、現世の「御利益」の対象ではなく、キリスト＝神への信仰を深める手段と理解された。

この論理は、ビザンツ皇帝レオン三世によって引き起こされた聖画像破壊論争のなか、七八七年に開かれた第二ニカイア公会議の決議からとられたようだ。それによると、キリスト、神の母、天使および諸聖人を表現することは許される。なぜなら、これらの画像を眺める者は、画像によって表現される「原形」への追想と模倣への思いをかきたてられるからである。画像に対する崇敬は、表現された「原形」に向けられていると。

これは一種のこじつけ（屁理屈）であろう。しかしこれによって、カトリック（および正教）では聖人・聖遺物・聖画像・巡礼による奇蹟信仰が容認された。人が聖画像そのものに期待しているのか、「原形」を拝んでいるのか、はたからわかるはずもないのだから。だから宗教改革者たちは、聖人・聖画像崇拝や巡礼を禁止して、直接「原形」にいたる道を選択したのだった。

カトリックの巡礼熱

民衆の巡礼への情熱は、ドイツにおいては一一～一三世紀の十字軍の時代、宗教改革前夜の一五世紀後半から一六世紀初頭、そして三〇年戦争（一六一八～一六四八年）後に大きかった。一七世紀の巡礼熱は宗教改革以前を凌ぐものであった。

この背景には巡礼地（聖地）の増加があった。しかも、近距離・中距離の聖地である。ローマやスペインのコンポステーラはあまりに遠すぎる。こういった有名な巡礼地へ赴く人は、修道僧や病人など特別な人びとであったと思われる。宗教改革後、近場の巡礼地が増えたのは、カトリック教会の努力もあって普通の人びとが巡礼にいくようになったからである。

宗教改革後、ドイツは半分がプロテスタント地域になったにもかかわらず、有名な巡礼地は栄えた。ドイツ西部にあるヴァルデュルン（キリストの聖血信仰）や南部バイエルンのアルトエッティング（黒いマリア信仰）などである。パッサウ司教区には宗教改革前に五六か所の巡礼地があったが、一六世紀以降一三二の新しい巡礼地が出現し、総数は一八八か所となった。人びとはたいした苦労もせずに聖地での奇蹟に頼ることができるようになった。「巡礼の大衆化」はドイツ近世の特徴であった。

また、近世にはマリア巡礼地が激増した。マリア信仰への情熱も近世の巡礼の特徴であった。パッサウ司教区の有名なマリア巡礼地（マリアヒルフ）の「奇蹟本」（起こった奇蹟を集めた本）は、一六三〇～一七四四年に起きた千以上の奇蹟を報告している。重病二八四例、溺れるのを免れた一二四例、盲目あるいは目の病気一一三例、妊娠による合併症一〇〇例、発熱九七例、足・脚の障害七七例、手足の萎え四九例、腕と手の障害二八例、身体障害四一例、疫病三六例、やけど一二例、潰瘍一五例、聴覚障害二四例、言語障害一二例、火事からの生還三三例、落下からの生還三四例、交通事故からの生還五一例、不慮の窒息四一例、精神障害二九例、頭痛三二例、自殺願望者の救い二五例、戦争で危険に陥った人を救う二一例、その他、牢獄からの脱出、失ったお金、裁判での勝利、疫病・落雷・寒波の回避、家畜の病気などである。「溺れるのを免れた」「火事からの生還」などは、現場の危機状況でマリアヒルフのマリアに願掛けして助かり、お礼参りとして巡礼したものである。

第三節　行列

行列という巡礼

巡礼は一人二人で私的におこなうイメージが強い。しかし、カトリック教会が「行列」と呼んだ、集団で行う巡礼があった。巡礼という民衆文化をみるには、行列を挙げるのが最も良い。行列は共同体の行事だからである。巡礼関係の本には、行列はほとんど取り上げられていない。しかし、伝統的民衆文化をみるには格好の材料である。

行列は英語で「プロセッション」という。ラテン語では「プロケシオ」processioといい、もともとは教会用語であった。

カトリック教会の定義によれば、行列は教会のような聖別（お清め）された場所から出発し、同じあるいは別の聖別された場所で終了する、聖職者によって引率された信徒の行列行進をいい、通常、祭日に催されるものである。かつてはカトリック教会の典礼書に載っていた正式な儀式であった（現在は違うが）。神に対するおおやけの表敬行為であり、神または聖人を賛美し、神の恩恵を願い、受けた恩恵に感謝し、あるいは贖罪のためにおこなわれるものであった。行列では祈りが唱えられた。要するに、行列は教会の外での礼拝であった。

キリスト教の行列の端緒は、迫害時代に殉教者の遺骸を運ぶ葬列にあったといわれる。キリスト教公認後は多くの行列が発達した。四世紀末に、ローマ帝国東部では殉教者記念祭（聖人祭）に行列が催された。エルサレムでは日曜日に、ゴルゴタの丘（キリスト十字架の地）からキリスト復活の地までの行列がおこなわれたという。

行列は一二世紀頃を境に盛んとなる。これはこの時期、村落共同体が本格的に成立したことと関連している。とりわけ盛んになったのは、聖週間（復活祭前週）の諸行列であった。キリストのエルサレム入城を記念する枝の主日（復活祭前日曜日）、最後の晩餐（聖体の秘蹟）を記念する聖木曜日、そして、キリストの十字架上の死を記念する聖金曜日の行列である。キリスト教の祭日とは別に、災厄（たとえば疫病や飢饉）の際の臨時の行列、逆に、災厄からの回復を神に感謝するための臨時あるいは定期的な行列も行われた。まさしく奇蹟信仰を求め、それに感謝する巡礼行列である。

昔の典礼書によれば、行列参加者は行列用十字架を先頭に身分や性別に応じて二列に並び、伏し目がちに静粛に歩むことになっていた。もともとは裸足で黒か白の服を着用しなければならなかった。

何十日、何か月も費やして聖地へ赴くイメージのある巡礼に対して、行列は近隣の聖所を訪れ、たいてい一日、長くても数日で完結するものであった。ただ、民衆は行列も巡礼と呼んでいた。短距離の巡礼であったのだ。一六世紀以降、聖地の数が増したことで、行列はますます盛んになった。

祭日に催される行列は、教会の公的儀式ではあったが、民衆文化的要素がかなり付着していた。行列は非キリスト教文化圏でもおこなわれていた。その中心は、聖性（ご神体）の「巡回」であった。聖性は普段は閉じ込められた空間（聖所）にあるが、行列の折にはそこから出て外界（人間界）と接触する。行列が巡回した領域は悪霊が祓われ、聖化される。行列がドイツ語で、しばしば「巡回」Umgangと呼ばれるのは、そのことを象徴している。だから、疫病や飢饉などからの回復を求めて、行列がしばしばおこなわれた。疫病や飢饉は悪霊が引き起こすものであったから、自らの土地を巡って、ご神体でもって清めたのである。

その代表が、豊作祈願のための行列であった。古代ローマで五月におこなわれたアムバルヴァリア祭の行列は、畑から悪霊を祓い、土地を清める豊作祈願祭であった。日本でおこなわれた春の田植え前の行列（たとえば現在でも福井県若狭町向笠《むかさ》地区で四月三日に御幣《ごへい》行列がおこなわれる）、あるいは稲穂の出る七月頃におこなわれた「虫送り」といわれる行列も、基本的には悪霊祓いの豊作祈願行列である（図33）。

図 33　向笠の御幣行列。著者撮影。

豊作祈願祭としての聖体祭の行列

ヨーロッパの豊作祈願行列の代表に聖体祭の行列がある。聖霊降臨祭後の第二木曜日（移動祭日なので五月から六月頃）におこなわれた聖体祭は、聖体の秘蹟を祝うために、一二四六年、現在のベルギーの修道院ではじめておこなわれた。一二六四年に、教皇ウルバヌス四世によって正式に導入され、各地へ広まった祭日である。聖体祭の行列は、現在もおこなわれているが、元来はこの祭日の典礼ではなかった。ドイツにおいては、すでに一三世紀後半に、ケルンで聖体祭に聖体を携行する行列がおこなわれたという記録がある。聖体はミサで使用するパンのことで、カトリックではホスチアと呼ばれ、キリストそのものと理解されている。ミサでは最後の晩餐を再現しており、聖体拝領と呼ばれる。

聖体祭行列では、聖体を聖体顕示台と呼ばれる容器に入れる。聖体を携行する聖職者と随行する信徒は、教会を出発し四つの聖所（留《りゅう》と呼ばれ休憩所でもある）を巡回して教会に戻った。四つの留は礼拝堂や路傍の十字架（像）などであり、そこで司祭は四方向に向かって祝別の祈りを唱えた。悪霊祓いであった。ヨーロッパの巡礼は直線的運動と書いたが、聖体祭行列は円環運動であった。その意味では巡礼と呼ぶに相応しかった。

村落では豊作祈願の行列であった。早朝、教区教会を出発し、午前中に数時間かけて村内の四つの留を巡回する。村の畑を巡回するのである。留でのお祈りは、悪霊を畑から祓い豊穣を祈願する、現世の「御利益」の機能をもっていた。私的な巡礼の願掛けと違って、ここでは共同体全体の願掛けがおこなわれたのである。行列への参加は一九世紀以前の封建社会では共同体成員（家長）の義務であった。

留は畑に立てられた石作りの十字架やキリスト像（十字架像）あるいは聖画像などであった。それらには台座があり、そこに聖体顕示台を一時的に置いた。留の種類は地域によってまちまちであり、木製のキリスト像の場合もあった。木製の簡素な留の場合、聖体顕示台はどこにおいたのだろうか（図34・35）。

バイエルンでは聖体祭に村を巡回し、その一週間後に畑を巡回したようである。つまり、聖体祭の行列を二度おこなっていた。この習慣は一九世紀初頭に禁止されたが、現在は復活している地域もあ

図 35　畑の十字架像。著者撮影。

図 34　18 世紀につくられた石製の畑の留。Mittelwieser, Abb.31.

る。その場合、二度目の行列は聖体祭後の日曜日におこなわれる。また、聖体祭は村内巡回、畑の巡回は祈願祭（後述）と分けている地域もある。

かつては、十字架、教区の守護聖人の描かれた教会旗、マリア像や聖人像なども携行された。典礼書では賛美歌が歌われることになっていたが、民謡が好まれたといわれる。そのため、トランペットや太鼓をもった楽隊が随行した。賛美歌に楽隊は必要ないだろう。楽隊や歌い手として諸国周りの芸人が雇われる場合もあった。一七世紀からは射撃

図 36　19 世紀の聖体祭行列。Fischer, p.55.

団も随行した。射撃団は、在地の若者組や在郷軍人会などで構成された。彼らは留で空砲（礼砲）を放った。邪気祓いであった。一九世紀以前の民衆は、音も聖なる奇蹟を宿すと信じていた。留での祝別（祝福）や行列終了後のミサで空砲が撃ち鳴らされたという記録もあり、教会関係者にとっては規制すべき問題となっていく。要するにこの行列は、静粛・厳粛なキリスト教の典礼というより、民衆によるどんちゃん騒ぎの「パレード」だったと理解するほうが良いだろう。アルコールもはいっていた。

行列終了後、あるいはミサ終了後（やらない場合もあった）、午後に宴会となった。留の飾りを片付けた後、広場や居酒屋でおこなわれた。行列の通る道は若枝で飾られ、花や葉や草が撒かれた。この作業は近隣の家々の義務であった。また、罪人が解放され共同体に復帰できる地域もあった。

こうして、聖体祭とその行列には、本来のキリスト教の祭りを越えて、豊作祈願や娯楽的要素などの民衆文化が色濃く反映された。だからこそ長らく存続してきたのである（図36）。現在でも、形を変えておこなわれている（巡礼物語二参照）。

近隣村との関係調整としての祈願祭行列

豊作祈願のもうひとつの有名な行列として、祈願祭行列がある。これは普通、キリスト昇天祭（復活祭後四〇日目の木曜日）前の三日間におこなわれる。この週を「祈願週」といって一週間おこなう地域もあった。五月頃である。フランスのヴィエンヌ司教区で、天災の免除（豊作祈願）を神に祈るものとして五世紀後半に初めておこなわれ、八〇〇年には教皇レオ三世によって正式に導入された。祈願祭行列は、いわば教会公認の豊作祈願の典礼であった。

四月二五日の福音史家マルコ祭も、六世紀末に教皇グレゴリウスによって豊作祈願行列として導入された。祈願祭行列とマルコ祭行列は、ローマ人、ケルト人、ゲルマン人によって以前からおこなわれていた豊作祈願行列に由来すると思われる。キリスト教以前には異教の神々の像を携行したという。したがって、本来のキリスト教の来世信仰とは相容れないものであったが、異教徒への布教のためにキリスト教の典礼に取り入れたのである。その後導入された聖体祭の行列とならんで、祈願祭およびマルコ祭の行列は、長らくヨーロッパの豊作祈願祭として機能していた。この三つの行列は四月から

図 37　祈願祭行列、17 世紀。Beck, *Dörfliche Gesellschaft*, p.16.

六月の作物の生長に合わせて設定されていた。

聖体祭行列は村内の畑を巡回するものであったが、祈願祭およびマルコ祭の行列は、少なくとも一九世紀以前は、自村の畑を越えて近隣の村々（の教会）へ赴いた。まず、自村の畑に立っている留の一つ（あるいは複数）でお祈りをした後、隣村に向かった。この行列は、豊作祈願とならんで隣村との関係を調整する機能をもっていたと理解できる。伝統社会においては、家畜の放牧権などをめぐる隣村との対立が多かった。他方、婚姻や商取引などの日常的関係も有していた。行列は、こういった隣村との関係の修復、調整の機能をもっていたのであろう。隣村では共同のミサや宴会を催したという（図37）。

中近世にはキリスト教の多くの祭日があり、それにともなって地域ごとにさまざまな行列がおこなわれた。また、好天祈願、雷雨・飢饉・ペスト除けのためや、戦争時にも行列がおこなわれた。この種の行列は「願掛け行列」といわれた。狼の被害除けの「狼行列」がおこなわれた地域もある。これらの「願掛け祭」は地域の祭日であった。単に行列がおこなわれただけでなく、さまざまな娯楽を伴う「ハレ」の日であった。

キリスト教徒は先祖の墓参りをしない？

聖地参拝・巡礼は、いわば聖人の墓参りである。では、キリスト教徒に先祖信仰はないのだろうか。教会法的にはないことになっている。現在カトリック教徒は一一月二日の万霊祭に墓場を行列し、先祖の墓参りをする。万霊祭は中世以来のものであり、煉獄の魂を天国に導くための祭日であった（前述）。フランスの有名な社会史家アリエスによれば、この祭日の墓参りの習慣は一九世紀に発展したもので、死者の思い出への礼拝という、ある意味で非キリスト教的な宗教活動であるという。しかし、伝統的カトリック地域では先祖の墓参りの習慣が存在していた。たとえばトリーア司教区では、中近世から一九世紀前半まで、万霊祭以外の祭日に先祖の墓参りをしていたという記録がある。

一六八八年および一七六七年の典礼書によれば、信徒はミサ前に行列しながら墓場を巡回し、先祖の墓に聖水を撒布した。納骨堂前では、司祭が墓地に埋葬されている死者のために祈りを唱えた。納骨堂は古い骨の保管所で、共同墓穴がいっぱいになると骨を掘り出して納骨堂におさめた。キリスト教は元来土葬である。「墓場の巡礼」は復活祭期間（復活祭からその五〇日目の聖霊降臨祭まで）の各日

図 38　現在の万霊祭の墓場の行列風景。Fischer, p.83.

曜日におこなわれることが多かった。

信徒が先祖の墓にあまりに長く留まっていて、ミサが始まっても教会堂へ入るものはほとんどいなかったと、一七世紀初頭のある司祭は非難している。民衆の関心は、ミサより墓参りにあったのであろう。

復活祭期間のミサ前の墓参り行列は、多くの地域では中近世のうちに廃れてしまったといわれる。ただ、トリーア司教区のように、前キリスト教的先祖崇拝の習慣が、キリスト教の典礼に取り入れられ、残存している地域もあった。

前述したように、バイエルンでは、一九世紀にはいっても、結婚式前や当日に先祖の法要や墓参りがおこなわれていた。先祖崇拝、墓参りの風習は、記録こそ少ないが、各地にかなり存在していたのではないか。

こういった習慣が、万霊祭の墓場での行列（墓参り）として教会によって公認されたと考えられる。万霊祭ではないが、私が訪れたバイエルン農村部では、日曜日のミサ終了後に墓参りをしている多くの人びと（老人が多いが）をみかけた（図38）。

第四節　巡礼の規制

巡礼と行列

このように、一口に巡礼といってもさまざまな形態があったことがわかる。先述したように「行列」は教会用語で、伝統社会の民衆は行列も巡礼といっていた。距離的にみると、ローマやコンポステーラ巡礼のように数か月もかける遠距離のもの、比較的近距離の都市や隣村などへ向かう中距離のもの、そして自分の村内でおこなう近距離のものがあった。遠距離巡礼は聖地へ向かい故郷に戻るという直線運動であるが、中・近距離巡礼には聖体祭行列のような円運動もあった。

行列は集団でおこなうものだから、私的というより共同体や信心会による公的行事であった。信心会は日本でいう「講」にあたる。ドイツにおいては、行列が徐々に近距離に限定されていく傾向があった。教区の守護聖人祭や願掛け祭の行列が、中世には比較的遠い司教座都市や大きな修道院に向かったのに対し、近世には目的地が徐々に近くなった。これは聖地が増えたことと、遠距離巡礼の負担の大きさが関係している。一八世紀後半から一九世紀前半にかけては、目的地がさらに近場になり、共同体内で完結するものに変質していく。これには、次にみるように教会・国家権力の規制が影響していた。

巡礼・行列への規制

プロテスタント教会は、祭日におこなわれる巡礼や行列をいち早く禁止した。カトリック地域においても、それは決して野放しにされていたわけではなかった。巡礼・行列への規制は、すでに一七世紀に始まっている。

一六七八年のトリーア司教区の法令は、聖職者は祭服を着用し行列に随行すること、教区民は教区教会に集合し、皆いっしょに出発すること、行列途上、敬虔に祈り歌うこと、行列時に酔っ払わないこと、男女が同じ所に宿泊しないこと（宿泊を要する巡礼・行列を想定）、青年男女は他の教区民から離れて二人で帰路につかないこと、十字架と教会旗を恭しく扱うことを規定している。

逆にいえば、聖職者をともなわないどんちゃん騒ぎの行列が一般的で、アルコール、喧嘩、男女関係が頻繁であったことがわかる。要するに民衆の祭りであった。民衆文化の実態が反映された法令である。巡礼・行列時の男女間の性的逸脱や瀆神行為は、教会と国家にとって強い規制の対象であった。日本でも戦前までの農村部では、祭りの折の性的逸脱は慣例であったといわれる。近代の倫理観はこういった行為を抑圧してしまったが、ヨーロッパではそれがかなり早い時期から試みられていた。とはいえ、法令がすぐさま効力を発揮できる時代ではなかった。一七五三年、トリーア司教区の有名なマリア巡礼地ボルンホーフェンにおいて、泥酔による、喧嘩騒ぎがしばしば生じており、こういった事態を防止するよう、随行司祭に命令が出された。

一七五九年、ゼバスティアン・エンガースという巡礼地で、ペーター・ヘッセルという人物が司祭に重傷を負わせた。彼は破門され、おおやけの場で司祭に謝罪してようやく破門が解かれた。

一八世紀後半には規制が本格化する。トリーア司教区の一七五六年の法令は、行列の際の空砲を禁止した。空砲はもともと教会の典礼とは何の関係もなかったからである。一七七八年の法令は、行列時の音楽（楽隊）や踊り（踊りながら行列する地域があった）を非キリスト教的なものとして禁止した。民謡や踊りは聖歌と祈りに変えられねばならなかった。トリーア市では一七八三年に、枝の主日の行列の山車が禁止された。山車の上には作り物のキリスト像が乗っていたのだ。視覚的画像は偶像崇拝を意味した。さらに、行列一般に際して、不恰好な帽子をかぶらないこと、祈りの際わめかないこと、あらゆる種類の手鳴らし・踊り・キスを慎むこと、行列終了後は静かに家に帰ることが命令された。

非難が集中したのは聖金曜日の行列であった。かりにも聖金曜日はキリスト磔刑の日である。その日の行列で、民衆はいかがわしい仮装や仮面をし、マリアの腕や脚をあらわにし、キリストを鞭打ち、聖書の文句を侮辱的に言い、アルコールで酔っ払っていた。結局、聖金曜日の仮面・仮装行列は全面禁止された。仮面・仮装行列は神の冒瀆に他ならなかったからである。仮装・仮面行列は冬の悪霊を祓う民間習俗であった。仮面は死者の蘇りを意味し、先祖崇拝と結びつくという民俗学者もいる。いずれにせよ、教会にとっては排除の対象であった。

フランス革命直前には、巡礼地の露店の禁止と、片道一時間以上かかるすべての行列を禁止する急進的命令が出されたが、後者は後に撤回された。仮に撤回されなくても、民衆は法令を無視した。たとえば巡礼地ボルンホーフェンの司祭は、各地から巡礼者が聖職者を伴わず大勢やってきて、禁止されたはずの露店が出され、巡礼者は酔っ払い、喧嘩をしていると、報告した。

ドイツ南部のバイエルンでは一七六三年と七〇年に、四旬節、とりわけ聖週間に行われていたキリスト受難劇の上演が禁止された。聖なる宗教の最大の神秘性は舞台の見世物にふさわしくないという理由からであった。

聖金曜日の行列は認められたが、仮面・仮装は禁止された。それは今後、雑談、徘徊などのない信心深い行列として実施されるよう命令された。一七八五年の急進的規定では、聖体祭、マルコ祭および祈願祭以外の行列はすべて国家の許可を必要とし、目的地は隣の教区（村落）まで、さらに、教区礼拝や宗教授業に支障が出ないという条件で許可された。長距離行列が性的逸脱など無秩序の温床となっていたからである。同様の法令は一九世紀初頭にも繰り返された。

受難劇の禁止令は、多くの上演の請願にもかかわらず何度も繰り返された。しかし、特別の許可や法令無視などによって、場所によっては存続した。民衆文化は強固であったのだ。

祭日に催される受難劇や行列は、人びとの信仰心を高めたというよりも、迷信、瀆神、放蕩の源泉となっていた。啓蒙主義的宗教政策は、こういった「悪弊」の除去によって祭日を「純化」しようと試みた。しかし、民衆の反発は大きく、バイエルンでは法令を緩和ないし撤廃せざるをえなかった。

フランス革命の影響

一七八九年に勃発したフランス革命は、キリスト教の暦を廃止して革命暦を導入するなど、キリスト教に厳しい姿勢をとった。ドイツはライン川左岸の地域がフランスに併合され、その他もフランスの支配に屈した。フランスのヨーロッパ支配は、一八一四、一五年のウィーン会議で終止符を打つが、フランス革命の残した影響は大きかった。

フランス領となったトリーア司教区では、巡礼・行列に対して厳しい措置がとられた。まず一八〇二年の法令で、行列は聖職者に引率され、祈りと聖歌が歌われること、秩序良く行列すること、行列終了後にミサをおこなうことが命令された。また、自教区の外に赴く行列は、司教区庁に許可を申し出て、その許可証を郡知事に提出すること、その際、参加者数と経路を報告するよう命令された。

前者は一七世紀以来の法令の繰り返しである。再度こういった法令が出されたのは、行列が依然としてどんちゃん騒ぎのお祭りであったからである。後者は、自教区（自村。教区は普通、中心村と近隣の集落から構成されていた）を越える行列が放蕩（とくに性的逸脱）と瀆神の温床になりやすいという従来の考えを踏襲したものである。しかし、参加者数と経路の世俗官庁への報告義務は、巡礼という宗教行事が対フランスの政治運動に転化することを警戒したものであった。

また、聖体祭の行列は直後の日曜日に移動するよう命令された。これもまた、祭日を減らし平日を増やすという啓蒙主義的理念の産物であった。

教区司祭には、行列を自教区内に限定するよう信徒を諭す指示が出された。これも長距離行列を嫌ったものである。集団が遠くに移動し、それが暴動に発展する恐れもあった。

こういった規制策は、ウィーン会議後、この地域を併合したプロイセン（ドイツ）にも引き継がれた。一八一六年、プロイセン内務省は、行列が道徳上、信仰上のみならず政治的にも無秩序を引き起こす契機になっているとして以下の命令を下した。行列参加者は警察から旅券を購入すること。行列には聖職者が随行すること。個人的巡礼や泊りがけでない行列は例外とされた。ここでも、集団による長距離行列を権力側が恐れていたことがわかる。

一八二六年には、行列の際の聖画像の携行と射撃団や楽隊の随行が禁止された。前者は視覚的画像による願掛けを懸念したもの、後者はキリスト教の典礼が民衆的祭りに転化するのを防止しようとするものであった。行列の際の空砲は一八世紀に繰り返し禁止されていた。

トリーア司教区においては、一七世紀以来の度重なる規制にもかかわらず、一八二〇年代においても行列は教会の倫理から逸脱した民衆の祭りであった。民衆は、行列を通じて、現世の「御利益」と日常からの解放を味わったのである。一九世紀になると、権力は教会の倫理からの逸脱とならんで政治的暴動も警戒するようになった。

巡礼より礼拝が大事

事情は他の地域でも似たり寄ったりであった。バイエルンでも一八世紀の法令が繰り返された。一八〇一年には、聖体祭、祈願祭、マルコ祭のみ従来どおりの行列が許され、その他の行列は当局の許可のもと隣の教区まで、しかもそれによって礼拝や宗教授業が妨害されないという条件で許された。もちろん、病気除けや雨乞いの類の巡礼・行列、つまり願掛け行列は迷信として禁止された。それは教区教会での祈りの時間で代替するように命じられた。

さらに、祭日の視覚的「見世物」、たとえば行列の山車に乗せたマリア像などを、「真の信仰心」妨害するものとして禁止した。それらは行列の花形であった。これでは行列も単なる人の行進に過ぎなくなるだろう。

これらはすべて、祭りにつきものの現世の御利益的機能（願掛け）や娯楽機能を削いで、礼拝中心の純キリスト教的に祭日をおこなうことを目指したものであった。

いずれにせよ、行列に付随する民衆の伝統的宗教文化を破壊し、「真のキリスト教」と勤労の精神を植え付けようとする啓蒙の論理が、再度強調された。

第五節　巡礼の再生

規制の結果と一九世紀以降の巡礼の再生

一八三〇年代後半から一八四〇年代前半のトリーア司教区の記録によれば、司教区内の各教区がおこなう行列は、聖体祭、祈願祭、マルコ祭の三つにほぼ限定されてしまった。また、祈願祭とマルコ祭に隣村（近隣教区）に出向く教区も激減した。隣村との交流という伝統行事が衰退したことになる。

宿泊を要する巡礼を私的に行う人も一八世紀と比べれば減った。一教区の巡礼・行列日がかつては数十日あったことを考えれば大きな変化である。また、行列からどんちゃん騒ぎの要素が消えていった。ただ、フランスへの併合を免れた地域では、守護聖人祭、聖金曜日、復活祭などの伝統的行列がある程度残存した。これはフランス占領地域でいかに劇的に伝統的民衆文化の破壊がおこなわれたかを物語っている。

一九世紀後半以降、巡礼熱は再び復活する。これには国家の規制が緩和されたことも関係している。革命の国フランスでさえ、一八三〇年、パリに聖母が出現し、ノートルダム・デ・ヴィクトワールは巡礼地となった。近現代の巡礼熱はマリア信仰に支えられた。一八五八年二月、ピレネー山麓の小村ルルドのマッサビエル洞窟で、一人の貧しい少女ベルナデッドにマリアが現れた。再度の出現に際して、洞窟に泉が沸きだす。その水が奇蹟を生んだ。有名なルルド巡礼地の成立である。一八六二年にはカトリック教会が正式にルルドの奇蹟を認めた。ルルドの洞窟は国際的巡礼地へと発展した。一八七二年には百万の巡礼者がルルドに来たという。ルルドと並んで、ポルトガルのファティマも国際的マリア巡礼地となった。一九一六年、イリア盆地で羊飼いをしていた少年三人が天使を見、翌年には数度、樫の木のなかにマリアを見た。彼らはマリアの声も聞いたという。一九三〇年にファティマ巡礼地は教会から公認された。一九三八年には五〇万人の巡礼者が訪れた。

ドイツのカトリック地域においても、一九世紀後半、巡礼が復活してくる。これは一八世紀後半から一九世紀初頭の巡礼規制の反動でもあった。旧来の行列のいくつかも復活してた。一八七六年七月、ドイツ西部の村マーピンゲンで、三人の少女がマリアを見た。これがきっかけで、何千人もの巡礼者がマーピンゲンを訪れるようになった。ドイツの「ルルド」になるかと思われたが、二〇世紀以降は廃れていった。

アルトエッティングなどの伝統的マリア巡礼地は栄えた。二〇世紀に入ると、巡礼熱はナチス支配などもあって一時下火となる。一九七〇、八〇年代からはある程度復活しているようである。

現在、マリア巡礼地はバイエルンだけでも四〇〇以上存在する。また、かつて禁止された行列も復活している。とはいっても、一教区で年間一〇を超える巡礼・行列日がある地域は少ないであろう。ちなみに、巡礼・行列は教会法で規定された義務ではないので、いつどこへ巡礼・行列するかは、その教区ごとに決める。私的な巡礼は信心会や巡礼協会などが企画している。

最後に、私のアンケートに答えていただいた教区の、現在の情報を提供しよう。

まず、バイエルンのヘルツハウゼンという教区の二〇〇九年の巡礼・行列の数をみてみよう。約六キロ先の巡礼教会マリア・バインベルクへの徒歩巡礼（五月一日。往復）、キリスト昇天祭の祈願祭行列で畑を巡回（五月二一日）、二キロ先の隣村の守護天使教会への行列（五月二六日一九時出発。往復）、マリア・バインベルクへの老人のためのバスでの巡礼（五月二七日）、村内を巡る聖体祭行列（六月一一日）の五つである。

同じバイエルンの連合教区ヴァイトフォーフェンは三つの教区から成っている。それぞれの教区で祈願祭行列（畑巡回）と聖体祭行列（村内）のほか、三時間の徒歩によるシェイエルン修道院への巡礼（五月第一日曜日)、聖霊降臨祭月曜日の二時間半の徒歩によるポーゼンハウゼンの「ゴルゴタの丘」へ巡礼、九月の最終週の週末の徒歩によるアルトエッティング巡礼(三日間)の五つがおこなわれている。

これらを見る限り、現在は聖体祭で村内巡回、祈願祭で畑の巡回と分けているようである。春から夏の終わりにかけての五つ程度が標準なのだろう。

都市部の例としてバイエルンのシュローベンハウゼン市を挙げよう。ここでも聖体祭と祈願祭行列がおこなわれる。ただ、町場なので畑の巡回はなく、祈願祭行列は教区教会から同教区内の別の教会に赴く。それと毎週木曜日の八時のミサ終了後、聖体をもって教会内を巡回するそうである。さらに、数年前から、五月に礼拝堂への小行列もおこなっている。全部で四つである。

過去フランスに占領されたトリーア地域ではどうなっているのか。答えを頂いたトリーア市の三つの教区を概観してみよう。トリーア・キリストケーニヒ教区では聖体祭行列とクラウゼンのマリア巡礼の二つ。トリーア・エーラング教区では聖体祭行列とペテロ・パウロ祭行列(六月二九日)の二つ。トリーア・聖十字架教区では聖体祭行列、祈願祭行列、聖十字架賞賛祭(九月一四日)前の行列、枝の主日行列、聖金曜日行列の五つである。バイエルン農村部に比べて数が少ないのは、過去の歴史の影響なのか、それとも都市部だからか。市中心部にある聖十字架教区は五つと多いが。

いずれにせよ、現在の巡礼・行列は伝統的民衆文化とは異なって数も少なく、純キリスト教的行事となっている。

聖と俗が分離した巡礼・行列

一九世紀後半以降、巡礼や行列が復活したが、その形態は伝統的なものとは明らかに異なっている。かつての巡礼・行列は、キリスト教の祭日におこなわれたにもかかわらず、そこには民衆文化的要素が混淆していた。聖体祭行列は、聖体の秘蹟を祝う典礼であるとともに豊作祈願祭であり、どんちゃん騒ぎのお祭りであった。現在、キリスト教の祭日に行われる行列は、かつての民衆文化的要素が、まったくではないが、かなり削除されている。豊作祈願はテクノロジーにその役割をゆずった。行列時のどんちゃん騒ぎは嫌われるようになった。行列は静かになった。

それでは、かつてのどんちゃん騒ぎはどこでおこなわれるのか。それは、すでに述べたカーニヴァルに代表される民俗祭でおこなわれている。キリスト教と民衆文化が混淆したかつての巡礼文化は、厳粛な宗教行事と派手な民俗祭に棲み分けした。かつて、聖金曜日の行列はどんちゃん騒ぎの仮面・仮装行列であった。それが厳粛な行列へと変化した。仮面・仮装行列はカーニヴァル特有のものとなった。

もちろん、今日の巡礼にまったく娯楽的要素がないわけではない。人びとは、有名な巡礼地にバスで行き、教会を見学してみやげ物を買い、近くの居酒屋でビールを飲み（今でも巡礼教会のそばには必ず居酒屋がある）、ソーセージを食べる。いわば観光巡礼である。巡礼は観光会社によって企画されるようになった。徒歩巡礼をスポーツ感覚でおこなう人もいる。それでも、聖と俗の棲み分けはできている。行列が終わったら居酒屋に行くかもしれないが、行列時にかつてのように酔っ払って喧嘩することはなくなった。教会では帽子を脱ぐようになった。かつてのそういう行為を恥じるようになった。

ただ、伝統的巡礼と変わらない要素が一つある。それは奇蹟信仰である。テクノロジーとサイエンスが発達した現代でも、人びとが巡礼するのは奇蹟を求めてである。

伝統的巡礼文化は、キリスト教、民間信仰・習俗、そして娯楽の三要素の混淆であった。三者が同時期、同じ場所、あるいは共同でおこなわれた。現代の巡礼は、時と場所をわきまえてそれぞれを棲み分けさせている。

巡礼物語1　トリーア聖衣巡礼

フランスからドイツ西部を流れるモーゼル川流域にトリーアという町がある。モーゼル川はコーブレンツという町でライン川と合流する。トリーアは古代ローマ時代の遺跡の多いところで、一時期ローマ帝国の皇帝所在地にもなったドイツ最古の町といわれている。また、カール・マルクスの生まれた町でもある。

一八四四年八月一八日から一〇月六日にかけて、キリストが十字架上で着けていたといわれる着衣（聖衣）の展示がトリーアの大聖堂で催された。大聖堂はトリーア司教区の司教座教会である。トリーア周辺の地域はもともとトリーア大司教が統治していた教会国家（トリーア選帝侯国）であったが、一八世紀末にフランス革命軍の侵入を受け、その後約二〇年間、フランスの統治下にあった。

ナポレオン敗北後のウィーン会議によって、トリーアを含めたライン地方はプロテスタント国家プロイセンに併合された。しかし、住民の大部分はカトリック教徒であった。

聖衣展は五〇万人の巡礼者が訪れたほど盛大なものであった。当時のトリーア市の人口が約一万六千人だったことを考えれば、驚くべき数字であった。聖衣展は司教アーノルディを筆頭に司教区庁当局によって企画、組織された一大イベントであった。同時に、カトリック民衆をプロテスタント国家プロイセンに統合しようとする政策の一環でもあった。

巡礼はすべて組織化された。巡礼希望者は、地域によって指定された二日のうち一日を選択し司祭に届け出て、往路、復路とも行列でトリーアへ赴かねばならなかった。個人的な自由な巡礼は許されなかった。聖衣を拝謁する手順もすべてマニュアル化された。

巡礼出発の早朝、巡礼者も故郷にとどまる者も皆、教会に集合し礼拝をおこなった。その後、行列が聖歌を歌いながら始まった。巡礼用パンフレットが配布され、そこには往路用、復路用に聖歌や祈り文が印刷されていた。どこから来る巡礼者も同じ祈りを祈り、同じ聖歌を歌い、同じ宗教的熱情をもちながらトリーアに巡礼し、帰郷しなければならなかった。画一的巡礼であった。巡礼は乱痴気騒ぎや暴力沙汰のない、敬虔な雰囲気のなかでおこなわれた。伝統的巡礼文化とは明らかに異なっていた。

聖衣は東内陣（主内陣）の高壇に飾られた。巡礼者は階段を上がり、聖衣の前を通過できたのみならず、聖衣に触れることが許されていた。ただし、自ら直接触れるのではなく、持参の、あるいは市内で購入した巡礼メダル、聖画像、十字架（像）、ロザリオ、あるいは教区教会の旗などを警護に立っている聖職者に手渡して、聖衣に接触してもらった。これらの信心用具は故郷に持ち帰られ、巡礼に

図39　1844年の聖衣の展示。Aretz, p.263.

参加できなかった家族、親戚、友人のためにその効力を発した。聖衣に接触することでその「力」が乗り移り、奇蹟を呼び起こすと信じられたのである。これは民衆の伝統的信仰の残存というより、その相変わらずの大きさを示していた。奇蹟は実際に起こった。そしてそれは教会によって印刷され流布された。教会が奇蹟を演出したとみるのは疑いすぎだろうが、それによって多くの巡礼者が奇蹟を求め、トリーアに来たことは確かである。期間中の巡礼者からの献金は、教会に莫大な利益をもたらした（図39）。

なぜトリーアに聖衣が保管されていたのか。伝説によれば、聖ヘレナが三三〇年頃トリーアにもたらしたといわれる。ヘレナは二六〇年以前の生まれで下層民出身であった。ローマ皇帝コンスタンティウス・クロルスの内妻となったが、後に離別した。二人の間に二七三年頃生まれたのが、後のコンスタンティヌス大帝である。大帝は彼の治世（三〇六～三三七年）の最初からヘレナを尊敬し、彼女に「ア

図 40　トリーアのヘレナ教会に描かれている聖ヘレナ。著者撮影。

ウグスタ」（皇帝の母、妻）の称号を与えた。ヘレナは最初は異教徒であったが、大帝にならってキリスト教へ改宗した。彼女は、キリスト教で最初のアウグスタ＝女帝としてパレスチナに巡礼し、少なくとも生誕教会と昇天教会創建のイニシアチブをとり、ほぼ八〇歳で没した。

ヘレナで有名なのは、四世紀末にミラノ司教アムブロシウスによって語られた「聖十字架発見の伝説」である。それによれば三二五年頃、敬虔なキリスト教徒ヘレナがエルサレムへ巡礼し、キリストの磔刑に使われた聖十字架と彼の身体に打ち込まれた四本の聖釘を発見した。この話はその後、ヨーロッパで広く伝説化された。一三世紀に書かれたヤコブス・デ・ウォラギネの聖人伝『黄金伝説』にも登場する。そこでもヘレナは、エルサレムで聖十字架と四本の聖釘を発見したとされている。ただ、いずれも聖衣についてはまったく言及していない。

トリーアは二八六年以来、約一世紀にわたってローマ皇帝の居住地であった。考古学的調査によれば、コンスタンティヌス大帝の時代に大聖堂やマティアス教会の前身が建設されたという。ヘレナが自分の宮殿を大聖堂用に提供したという話もあるが、あくまで中世の伝説である。彼女がトリーアに居住していたことを示す歴史的証拠は何もない。しかし、ヘレナとトリーアを結ぶ糸は存在したといえよう（図40）。

一八四四年の教会パンフレットによれば、大司教ヨハン一世（在位一一九〇～一二一二年）が一一九六年にニコラウス内陣（西内陣）で聖衣を発見し、それを公開した後、主祭壇にしまったとある。しかし、この話は事実としてはかなり怪しい。

聖衣、トリーア、ヘレナを結びつける記述は、年代記『トリーア史』（一一〇五年頃）に初めて登場する。ヘレナが聖衣と聖ペテロの歯、聖アンドレアスの履物、聖コーネリウスの頭蓋をトリーアの司教アグリティウスへ贈ったと記述されている。それ以前には、トリーア、ヘレナ、聖衣を結びつける記録は存在しない。

聖衣は、一五一二年に再び発見された。一一九六年から一五一二年までの聖衣の記録がまったくないのも不思議である。一五一二年、聖衣の一般展示が初めておこなわれた。一六世紀以降の歴史は事実として認められる。この時に聖衣が捏造された可能性もある。聖衣の一般公開は、一五一二年から一五一七年まで毎年おこなわれた。多くの巡礼者が集まったという。

一五一五年には教皇レオ一〇世が以下の教書を発した。トリーア大聖堂を訪れて聖遺物を拝み、献金を行った者には、完全な贖宥が与えられると。これは一八四四年の聖衣展でも確認された。

聖遺物の展示はトリーアだけではなかった。聖遺物の展示が、ローマの資金源となり、これをきっかけにルターの宗教改革が開始されたのである。ルターはトリーアの聖遺物公開についても激しく非難した。

聖遺物の展示は、一五一七年からは七年ごとに開催された。一五二四年、三一年、三八年、四五年である。次は一五五二年の予定であったが、戦争の影響で開催されず、以後七年ごとの開催はおこなわれなくなった。一六世紀前半の聖衣展の事情は、残念ながら資料不足でわからない。

次の聖衣展は一五八五年に開催された。これについてはいくらか情報がある。この聖衣展のきっかけは、同年春、教皇特使ボンホミ（イタリア・ベルチェッリ司教）がトリーアに来て、当時のトリーア大司教ヨハンに、聖衣をみたいと要求したことにであった。大司教はボンホミ個人に密かにみせることを承諾したが、この情報が漏れてしまい、大司教は仕方なく聖衣の一般公開に踏み切った。ボンホミが聖堂参事会に聖衣展示を強くせまったという説もある。

従来通り大聖堂西後陣の外に公開用のバルコニーが組まれ、聖衣を含めた聖遺物が展示された。多くの巡礼者が集まったという。巡礼者は聖遺物をみるだけでなく、信心用具を聖遺物に触れさせることが許された。これはバルコニー上にいる聖職者にそれらを前もって渡すことでおこなわれたと推測される。展示中、ある女性が病から回復するという奇蹟が報告されている。

次の聖衣展は七〇年後の一六五五年であった。当時の大司教カール・カスパーは同年二月二〇日に、今年中に聖衣展を開催すると公示した。この聖衣展の様相はある程度わかっており、かなり計画的に組織されたものであった。

一月三〇日に準備委員会が発足し、巡礼者がトリーアに来て聖衣を拝む日が地域ごとに設定された。大聖堂や市内の清掃、修理が徹底され、大聖堂への巡礼行列が通るシュテルン通り沿いの家々には聖画像や祭壇が据えられ、通りは草花で美しく飾られた。また、巡礼者用に屋台が設置され、値段のつり上げは禁止された。市民は自宅を宿泊施設として提供することを許されたが、宿泊人数を当局に報告するよう義務付けられた。聖衣展の警護は市民の協力のもと、国の軍隊によっておこなわれた。聖衣展期間中ユダヤ人の外出は禁止された。

巡礼者数は一〇万とも二〇万ともいわれているが定かではない。巡礼者は信心用具を通じた聖衣接触を許され、その結果奇蹟（盲目からの回復）が起こった。

一六五五年の聖衣展は、当局による巡礼の組織化がおこなわれた点で、一九世紀聖衣巡礼の一つの手引きとなったといえよう。この聖衣展の目的は、三〇年戦争（一六一八～一六四八年）による荒廃からの復興であった。聖衣は民衆には奇蹟と癒しを、教会とトリーア市には経済的利益をもたらした。

その後、聖衣展は一八一〇年まで開催されなかった。一八世紀には一度も開かれていない。民衆によって勝手におこなわれていた巡礼、行列の多さと比較すると、その違いは際立っている。民衆文化をコントロールし、巡礼を組織化するには一九世紀を待たねばならなかった。

聖衣は、フランス革命軍侵入の危機がせまった一七九二年、その他の聖遺物とともにライン川右岸のエーレンブライトシュタインへ移された。一七九四年にライン左岸が革命軍に占領されると、ここも安全ではなくなった。同年秋には、さらに東のバムベルクに移された。一八〇三年、アウクスブルクに避難していた以前の大司教ヴェンツェスラウスは、聖衣をひそかにみずからのもとへ運ばせた。

かつてのトリーア選帝侯国はフランス領となった。ここに新設されたトリーア司教区の新司教マネーは、聖衣のトリーア返還を強く要求した。当時はナポレオンの時代であった。フランス側の意向には逆らえず、聖衣は一八一〇年、トリーアに戻されることとなった。

アウクスブルクからトリーアへの運搬は秘密裏のうちにおこなわれるはずであった。しかし、トリーアまであと一日とせまった七月八日、メルツィヒという場所で民衆に知れ渡り、状況が一変した。翌七月九日、メルツィヒからトリーアまでのあらゆる村の民衆が、行列の形態で村境まで聖衣に随行した。聖衣は教会の鐘と祝砲で迎えられ、フランス国民軍によって大聖堂まで護衛された。メルツィヒからトリーアまで、民衆が行列形式で聖衣に随行するという方法は、司教区の指導部が各教区教会に要請したものであった。その意味で民衆の自発的催しではなく、教会と国家のコントロール下に置かれていた。だが、聖衣に対する民衆の熱狂はフランス占領下でも衰えることはなかった。

八月二日、司教マネーは聖衣の一般公開を発表した。この聖衣展は、カトリック教会とフランス国家の下、徹底的に「上から」組織化された。一八四四年聖衣展の模範となったものである。聖衣への個人的巡礼は認められず、巡礼者は自分の教区から行列で大聖堂へ向かった。行列は全行程、聖職者に先導された。各教区は割り振られた日にトリーアへ出発した。大聖堂内においても各人の自由行動は許されず、行列のまま決められた経路を移動した。聖衣への信心用具の接触は許されたが、それをおこなうのは聖職者に限られた。

フランス世俗当局は、市内の秩序維持のため軍隊を配置し、警官を増強した。さらに、食料品販売の統制もおこなった。

慎重に計画された聖衣展は、騒乱もなく成功のうちに終了した。一九日間に約二三万の巡礼者がやって来たという。フランスはこれによって、占領地のドイツ人カトリック住民の反フランス感情をどの程度抑えられたのだろうか。

フランス当局は聖衣展の開催に全面的に賛成していたわけではなかった。聖衣展後、当局関係者からこの種の催しへの批判が相次いだ。それは、聖衣への巡礼が民衆の迷信を助長し、労働と家事をおろそかにさせ、不必要な出費と怠惰に慣れさせ、不道徳、放蕩、浮浪者への道のきっかけとなるだろうというものであった。これは啓蒙化したフランス国家の論理を端的に表現している。

この論理は、一八四四年の聖衣展にあまり乗り気でなかったプロイセン政府に引き継がれていく。しかし、聖衣展はおこなわれた。民衆の宗教的熱情は、うまく組織化できれば国家の秩序と安寧に寄与するからである（プロイセン高官の言葉）。民衆文化の組織化と管理が、一九世紀以降の近代国家の特徴となった。

一八一〇年、一八四四年の聖衣展は、教会と国家によって上から組織された巡礼であった。伝統的な民衆文化ではなかった。祝祭の管理は近代の特徴である。

聖衣展はその後、ヘレナ伝説を土台として、一八九一年に一〇〇万人、一九三三年に二〇〇万人、一九五九年に一七〇万人、一九九六年に七〇万を集めた。一九九六年の巡礼者の激減は、やはり信仰の衰退を示しているのか。

一九三三年までは、国民統合を必要とする節目の時期に行われている。一八九一年はビスマルクによるカトリック弾圧（文化闘争）の終了時にあたっている。一九三三年はナチズムの政権獲得後で、ナチス幹部も訪れた。一九五九年は東西冷戦中、第二ヴァティカン公会議前におこなわれ、カトリック信仰の団結を訴えた。そして一九九六年は、一一九六年の聖衣発見八〇〇年祭としておこなわれた。

図41　絵葉書にも載っているトリーア大聖堂の聖衣。

一九九七年以来、白の日曜日

（復活最後最初の日曜日）後の金曜日から一〇日間、「聖衣の日」が設定されている。この期間は「聖衣礼拝堂」への立ち入りが許される。聖衣はこの礼拝堂のガラスケース内の木製の櫃に保管されている（中味を見ることはできないが）。

今度の聖衣展は二〇一二年の予定だという。これは第一回の聖衣展示五〇〇年祭としておこなわれる。私は一九九六年に行きそびれたので、今度はぜひ巡礼したいと思っているが、勝手に行ってもよいのだろうか。予約を必要とし管理のもとにおこなわれるのだろうか（図41）。

巡礼物語2　聖体祭行列とアルトエッティング巡礼記

二〇〇九年の聖体祭は六月一一日であった。私はこの祭りに参加するため、ミュンヘンから北に鈍行を乗り継いで一時間あまりのシュローベンハウゼン市に向かった。ただ、シュローベンハウゼンは都市部なので、私が選んだのはヘルツハウゼンというところであった。農村の祭りが見たかったからである。ヘルツハウゼンはシュローベンハウゼンから約八キロ離れていて、現在は同市に合併されている。

ヘルツハウゼンは、西に二キロほどいったハルスバッハ集落とともに「聖マルティン・ヘルツハウゼン教区」を形成している。人口は約八〇〇人である。シュローベンハウゼン市に編入された村落は五つほどあるが、その中で最も大きな村である。ちなみに、シュローベンハウゼン市の人口は約一万七千人である。本当に農村地帯なのである。

私はヘルツハウゼンの司祭ロイトゲープ氏と何回か連絡をとっていて、行列だけでなく、その前におこなわれるミサへの参加も許可されていた。前日の午後三時に、ヘルツハウゼンに一軒だけある宿についた。一階が居酒屋・食堂で二階が宿という、農村の伝統的な宿屋である。さっそくマルティン教会に下見に行った。あいにく閉まっていて中に入れなかったので、隣接する墓地に行った。ドイツはどこでもそうであるが、きれいに清掃された墓地である。三人の女性が立ち話をしていた。無視するのもはばかられたので、挨拶して向こうに建っているのは何かと質問すると、死体安置所だという。やはりここも土葬の習慣を維持している村であった。

別に他にみるべきところもないので、宿に帰り、テラスでビールを飲む。宿は老夫婦二人（エーダー夫妻）で切り盛りしていた。一九八一年創業と看板にあったから、定年後にでも始めたのだろうか。宿の亭主とビール片手に葬式の話をする。火葬などとんでもないという話しぶりである。シュローベンハウゼンの市街地では火葬するという。新しい習慣は、やはり都市部から浸透するようだ。

ビールを二杯飲んだら眠ってしまった。突然、部屋の電話が鳴った。亭主からだった。下に司祭のロイトゲープ氏が来ているという。早速、下におりて挨拶。彼はビールではなく白ワインを飲んでいた。起きぬけで寝ぼけていたのと、私のドイツ語会話能力の欠如があいまって、何をしゃべりあったのか翌日には忘れてしまった。

ミサは八時半から始まる。私は八時に教会に行った。一応、ネクタイと背広を着て正装した。教会内ではパイプオルガンが響いていた。ロイトゲープ氏が現れ、ミサでは座る場所がきまっていて、一

図 42　荘厳な儀式。祭壇の上に聖体顕示台が見える。司祭の横に立っているのがミニストランテンの一部。著者撮影。

図 43　司祭がホスチアと聖杯を掲げる。著者撮影。

図 44　聖体拝領。著者撮影。

図 45　行列の終了間際に思い切って前に出て撮ったもの。ミニステランテンの子どもたちは疲れたのか、だいぶいなくなっている。著者撮影。

般の男性信者（私は信者ではないが）は祭壇に向かって右手後方か二階席だという。二階席の一番前を選んだ。全体が見えるし、写真を撮るつもりであったからである（フラッシュはさすがに使わなかった）。

ミサは荘厳であった。祈りと聖歌の繰り返しである。しかし、司祭は何を祈っているのか、何という聖歌を歌っているのか。聖歌と祈りの本はそばにおいてあったのだが、節つきで語られるので、情けない話であるがドイツ語がよく聞き取れない。

ミサは一種のコンサートである。司祭は歌手のように手を大きく広げ、祈り、歌う。信者もそれに続いて祈り、歌う。ミニストランテンと呼ばれる白い服を着た子どもたちが、司祭の侍者を務める。九歳から一六歳の、初聖体拝領を終えた村の子ども（の、おそらく親）が志願するという。私は、隠れるようにして写真だけは撮り続けた（許可されていたので、その必要もないのだが）。クライマックスは、司祭が聖杯（ワイン）とホスチア（パン）を掲げ、信者に示す場面である。その後、司祭はワインを飲み、信者は一人一人ホスチアを受ける（図42・43・44）。

ミサはほぼ一時間つづいた。ミサが終了すると、いよいよ行列が始まる。順番が決まっていて、先頭にミニストランテンのもつ十字架と教会旗、次にミニストランテン、そして消防団、一般の子どもたち、そして天蓋に覆われた聖体顕示台を司祭がもつ。後ろに修道女、最後は左に女性、右に男性が整列して進む。私はここに加わった。消防団は昔の射撃団の名残であろう。さすがに鉄砲は持っていなかった（図45）。

現在の聖体祭行列は、昔と違って村内を巡る。ヘルツハウゼンでもそうで、畑の行列は祈願祭にお

図 46　礼拝堂の留。司祭がもっているのが聖体顕示台。これを一時的に礼拝堂におさめる。著者撮影。

こなう。聖体祭行列の道順は村の東を進むものと西を進むものがある。毎年交互におこなうという。今年は東を進むルートであった。留は昔同様四つ。三つが礼拝堂で、一つが仮設の祭壇であった。行列は聖歌を歌い、祈りを唱えながら進む。四つの留でもそうである。かくして、二時間以上かけてようやく教会に戻ってき

図 47　仮設の留。ここは戦没者記念碑である。著者撮影。

図48　公会堂での昼食会。著者撮影。

た。皆、敬虔であるが陽気に行進している。子どもたちは疲れて徐々に減っていったが。行列参加者はのべ一八〇人くらいだった（図46・47）。

行列が終了すると、とくに老人たちは祖先の墓に詣でる。これもいつもの光景だという。時刻はもう一一時三〇分。興奮して疲れも感じなかった。この後、教会横の公会堂のようなところで昼食会が催された。昔の宴会とは大きく異なり、焼きチキンの屋台と、丸パン、ジュース、コーラ、ビールの販売のみである。皆仲良く談笑している。私はチキンとビールを買ってロイトゲープ氏らと会食した。私の推測であるが、以前この公会堂は居酒屋であったのではないだろうか。なぜなら、公会堂の隣にビール醸造所があったからだ。昔の聖体祭行列はどんちゃん騒ぎのパレードで、行列前から飲んでいる人もいたことは前述した。先に紹介した向笠地区の御幣行列でも、出発前から皆がかなり酔っていた。その意味では、日本のほうが、まだ民衆文化を維持しているのかもしれない（図48）。

私の巡礼の第二の目的地は、「黒い聖母子像」で有名なアルトエッティングである。ここはミュンヘンから東へ約一〇〇キロ、鈍行でも二時間程度で行ける、バイエルン、いやドイツ最大のマリア巡礼地である。人口一万三〇〇〇人の小都市に、年間一〇〇万以上の巡礼者・観光客が訪れるという。また、現在でも年間約三万人が徒歩で巡礼に来る。

ドイツの中小都市はどこでもそうであるが、市街地から少し離れたところに駅があるので、アルトエッティング駅前は閑散としていた。有名な巡礼地の駅前にしては寂れすぎているという印象であった。駅前通りを五〇〇メートルほど北に向かうと、教会と大きな広場が目にはいってきた。あたりを見渡すと教会関連の施設が密集している様子であった。いったん宿に荷物をおいて、すでに夕方であったが、あらためて広場に出かけた。地図を広げると、「礼拝堂広場」とある。その中心に八角形の礼拝堂が建っていた。これがグナーデンカペレ（慈悲礼拝堂）と呼ばれるアルトエッティング巡礼の中心地であった。ここに「黒い聖母子像」が安置されているのである。

夕方とはいえまだ明るい。それにしては人が少なかった。実は聖体祭の日に私は、ヘルツハウゼンからアルトエッティングに直行したのだ。聖体祭行列はここでも午前中に終わっていた。つまり祭り

図 49　礼拝堂広場。木々に囲まれた中央の建物が慈悲礼拝堂である。König, *Altötting*, p. 6 .

図 50　慈悲礼拝堂。八角形で回廊がついている。著者撮影。

の後であった。それにしても、静かであった。観光地という雰囲気ではないのである。写真を撮ってもいる人も見かけない。こういった雰囲気の町は経験したことがなかった。そう、霊場なのだ。町の散策は明日にして、とにかく早く「黒い聖母子像」を見よう。

礼拝堂のなかは狭かった。その奥にまた狭い入口があって、奥の金ぴか（本当は銀色であるが蝋燭の明かりで金色に輝いていた）の祭壇に「黒い聖母子像」が安置されていた。入口には人がつまっていて、それ以上進めない。遠くから拝謁させてもらった。礼拝堂内は撮影禁止である。聖母子像は確かに黒ずんでいた。きれいな衣装を着せられていた。そう多くない長椅子では皆が祈っていた。修道女が多かった。まった

図51　黒い聖母子像。Bauer, *Altötting*, p. 9 .

く厳粛な空間であった（図49・50・51）。

アルトエッティングの慈悲礼拝堂の原形は、八世紀のカール大帝の時代にできたという。その後、バイエルン公が当地をバイエルンのキリスト教の中心地にしようとした。慈悲礼拝堂は一四九〇年頃と一六七四年に改築された。黒い聖母子像は木製で、伝説によれば九〇七年のフン族の侵入の際、火災で燻されて黒くなったというが、実際は一三三〇年頃に製作されたらしい。黒いのは蝋燭の煙で長年燻されたためである。一五世紀の末、アルトエッティングは小村ではあったが、教会と修道院をもっていた。ただ、その頃はまだ有名な巡礼地ではなかった。

一四八九年に一つ目の奇蹟が起きる。「アルトエッティングの三歳の子どもが川で溺れ死んだ。母

図 52　回廊の絵馬。著者撮影。

親は、子どもの死体を慈悲礼拝堂の祭壇のうえに置き、マリアに祈った。すると子どもは生き返った」。その八年後、二つ目の奇蹟が起きる。「アルトエッティングのある農民が、穀物を荷馬車に乗せ家に運んでいた。そこに小さな息子も乗せていたが、馬が子どもを振り落とし、子どもは荷車の下敷きになってしまった。生

図 53　松葉杖。著者撮影。

図 54　木製の十字架。著者撮影。

存の見込みはなかった。農民は慈悲礼拝堂のマリアに誓願した。翌日、子どもは快復した」。奇蹟はさらに続いた。病人が快復したり、死刑を宣告されたものが助かった。一七世紀末、トルコ軍がウィーンにせまった時、神聖ローマ皇帝レオポルトとバイエルン選帝侯マックス・エマヌエルは、アルトエッティングに来て慈悲礼拝堂でともに祈った。そのおかげかどうか、ヨーロッパはトルコの侵入を免れた。一六世紀中葉以来、バイエルン歴代の王はみずからの心臓を当地に埋葬させた。

翌日、私は本格的に町を散策した。巡礼者（観光客）は昨日よりも多く、写真撮影する観光客もいた。慈悲礼拝堂は満杯で、入るのをあきらめた。昨日見ておいてよかった。礼拝堂の回廊の壁には、絵馬がびっしりはめこまれている。古くは一六世紀初頭のものもある。一九六七年にすべての絵馬が外され、並べ直したという。絵馬のほかに松葉杖、手足の模型も吊るされていた。これらはほとんど感謝の奉納品である。また、十字架が複数置いてあった。徒歩巡礼者が担いできて奉納したもののほか、この回廊を担いで一周するための十字架もあった。実際、十字架をかついで回廊を巡回している人びとをみた。遊び半分で行う連中もいるだろうが、願掛けとしておこなっているようである（図52・53・54）。

アルトエッティングは、礼拝堂広場を中心に、半径二〇〇メートル以内に、宗教関係の数多くの施設が密集している門前町である。いくつかを紹介してみよう。礼拝堂広場の東の通り沿いに聖マグダレーナ教会がある。この教会は一六世紀末、バイエルン公がイエズス会のために建立したものである。現在はカプチン会が管理している。巡礼者たちに最も好まれている告解のための教会だという。中にはいると、多くの人びと、とくに修道女が静かに祈っていた。撮影禁止の注意書きはなかったが、それもできないほど厳粛な雰囲気である。おそらくミサ前なのであろう。慈悲礼拝堂同様、真の聖なる空間であった。

広場の南には聖フィリップ・ヤコブ教区教会がそびえる。九、一〇世紀にまで遡れる古い教会である。現在のものはゴート様式の建物である。内陣は市内の教会で一番広いのではなかろうか。アルトエッティングの中心教会であり、ドイツの普通のカトリック教会という印象であった。南の出口から美しい回廊がつづいている。この回廊は一二三三年に資料にすでに現れている。広場から見て左手に「祈りの礼拝堂」が接続している。狭い空間であるが、ここでも敬虔な多くの人びとが祈りを捧げていた。

町の西部に、質素な聖コンラート教会がある。隣にはカプチン修道院が接続している。聖コンラート（一八一八〜一八九四年）は、バイエルンのパルツハムの農民出身で、カプチン会の修道士となり、四〇年以上、アルトエッティングのカプチン修道院の門番を務めた。バイエルンの英雄である。巡礼者はここも必ず訪れるという。私が教会に入ったときはミサの真っ最中で、満杯であった。教会は一七世紀の建造物である。さらに西へ進むと、聖アンナ教会がある。二〇世紀の初頭に建てられたもので、多くの巡礼者が巡礼の疲れを癒す。

その他、キリスト磔刑時のエルサレムの全景を模型化した「パノラマ」（二〇世紀初頭）、九つの留をもつ「十字架の道」（一九七一年）などの新しい施設もある。礼拝広場の北に位置する「巡礼博物館」も興味深かった。北部にある聖ミカエル教会（一五世紀建立）は町の墓地にもなっており、静かでここちよかった。アルトエッティングも土葬の習慣を維持しているようである。

最後に慈悲礼拝堂に戻った。ここには、前の教皇パウロ二世も、現在の教皇ベネディクト一四世も訪れている。ベネディクト一四世はバイエルン出身なので、故郷に錦を飾ったというところか。

アルトエッティングも他の巡礼地同様、観光化している部分はある。しかし、ドイツで昔ながらの巡礼地の雰囲気を残す唯一の場所であるように、私には思えた。

第五章　ドイツの居酒屋文化

第一節　居酒屋の成立

居酒屋と接待

ここでいう居酒屋は、金銭の見返りにお酒などを提供する施設である。それに対して、無償でお客を接待する場合も当然想定されよう。古代のゲルマン社会には、商売としての居酒屋は存在しなかった。客を自宅へ招いて、あるいは皆で酒盛りをしたのである。日本で居酒屋らしきものができたのは江戸時代後半（一八世紀）らしい。もっと前から存在していたとする文献もある。いずれにせよ日本では、祭りや冠婚葬祭に居酒屋はほとんど関係していないようである。巡礼には関係していたように思えるが。

ユダヤ人社会や古代キリスト教徒は、旅人、巡礼者、貧者、病人のための宿（施療院）を組織した。そこでワインなどを提供することもあったが無償であった。英語の「ホスピタリティ」（接待）はラテン語の「ホスピティウム」hospitium から来ており、無償で客を接待することや、そのための宿を意味した。病院（ホスピタル）やホテルも語源的には同系である。

少なくとも古代ヨーロッパにおいては、金銭をとって客に飲食物や宿を提供するという発想は、少なかったようである。

古代ギリシア・ローマの居酒屋

パイヤーの著作によれば、金銭を受け取って酒を提供する施設は、古代ギリシアでは紀元前五、六世紀に登場するという。アリストフォーネス（紀元前四〇〇年頃）の喜劇にも商売宿が登場する。商売宿は外国人のためのもので、粗末な寝床と飲食物（酒を含む）を提供し、場合によっては、そこで売春もおこなわれたらしい。こういった商売宿は、港湾都市、商業都市、通行の多い街道沿いの寺院や湯治場の近くにあった。当時の人びとからは、そういった施設は売春宿とか盗賊の巣窟とされ、利用するのは下賤な者と見なされていた。

古代ローマの商売宿＝居酒屋は「タベルナ」taberna（もとは木造小屋の意味）と呼ばれた。パンとわずかな肉、ワインを提供し、寝室、洗面所、便所、厩が併設されていた。ギリシア同様、都市や大きな街道沿いにあったという。居酒屋の外壁に看板を吊るす習慣はローマ帝国時代にはじまった。

ローマ時代も居酒屋の評判は良くなかった。居酒屋が上流階級の街区にあることはなかったし、彼らも居酒屋に足を運ぶことはめったになかった。人足、船乗り、娼婦が出入りしたという。売春宿も兼ねていたのだ。元老院議員は居酒屋のおかみや娘と結婚してはならなかった。キリスト教会も居酒屋を警戒し、三六三年の公会議は聖職者が居酒屋を訪問することを禁止した。

このように古代の居酒屋は下層階級のものであり、一般の人びとは自宅などに客を招いて無償で接待するのが当たり前であった。居酒屋は特殊な人びとの場であった。

また、居酒屋はある程度の貨幣経済の発達、都市の存在、人や物の移動を前提にしていた。

第二節　中近世の居酒屋

居酒屋の衰退

貨幣経済や人口の集中（都市の成立）などが居酒屋成立の前提とするならば、中世ヨーロッパ社会には、少なくとも一一世紀頃までは、それらはほとんど欠けていた。中世初期・中期は農村中心の自給自足社会であった。領主貴族は、農業奴隷（農奴）を使って広大な直営地を経営していた。農奴は住居は与えられたが、移動の自由を禁じられ、領主にさまざまな賦役（肉体労働）を提供した。領主農場でつくられたワインなどを飲む機会はあっただろうが、商売としての居酒屋は、わずかな例外を除いて成立する余地もなかった。

むしろ、無償で客をもてなすという古代ローマ人やゲルマン人の考えが依然として強かった。貴族は祭りの日に乞食まで接待したという。これはキリスト教の慈善の精神とも一致していた。都市の司教座教会や修道院は無償で貧者や病人、旅人を接待した。

居酒屋復活の条件

ヨーロッパに再び居酒屋が登場し、増加し始めるのは一一、一二世紀頃である。この時期は大きな社会変動が起きていた。農村では、それまでの領主による農奴経営から、農奴に土地を貸与して、その見返りに年貢を徴収する荘園制が成立した。これによって農奴はある程度の自由を獲得し、移動も自由になった。共同体としての村が成立した。農民は年貢以外の生産物を市場で売って、金銭を手に入れた。これと並行して、新しい都市が出現し、古い都市にも人口が集中した。都市と農村、都市と都市を仲介する商人も多くなった。貨幣経済が再び動き出した。物流の発展は旅人の増加を生んだ。また、十字軍の時代でもあった。さらに一二世紀から巡礼者が増加した。こうして居酒屋復活の条件が整った。

居酒屋の成立と発展

居酒屋はまず都市で成立した。そして、旅人や商人が往来する街道沿いで成立した。巡礼地のある都市でも早くから居酒屋の復活がみられた。巡礼者が増え、修道院や施療院などの無償の施設だけでは足りなくなったからである。港湾都市や河川沿いでも居酒屋が発展した。居酒屋が宿泊施設を兼ねている場合が多かった。

都市当局は、居酒屋に客の到着と出立の報告や商人の商品の保管（倉庫）を義務付けたりするようになった。居酒屋が一つのギルドに組織される場合もあった。やがて、屋号と看板をつけ、当局に認可された居酒屋のみが営業を許されるようになった。

街道沿いや水路沿いの居酒屋も多かった。一二、一三世紀に橋の建設が増大するにつれ、橋に隣接する居酒屋も登場した。川が重要な交通路であったので、一三、一四世紀のバイエルンでは約一〇〇軒の居酒屋のうち四一軒が河川沿いにあり、そのうち数軒は橋に隣接する居酒屋であった。共同体としての村の成立とともに、村の居酒屋も増加していった。村の居酒屋は教会とともに村の集会所、コミュニティセンターとなっていった。

しかし古代同様、居酒屋、とりわけ都市や街道の居酒屋の評判は良くなかった。ここに出入りするのは労働者、船乗り、商人、巡礼者などであり、ほとんどが下層階級であった。あるいはそう見なされていた。もちろん巡礼者や商人がみな下層階級であったわけではない。だが、富裕な商人や巡礼者は居酒屋には立ち寄らず、都市の名士などから無償の接待を受けていた。

また、村の居酒屋は村人の集会所的存在へと発展していったから、居酒屋への蔑みは都市住民の農民に対する軽蔑を反映していたと思われる。

中世後期になると、修道院でさえ有償の居酒屋を経営するようになった。一三世紀以降、修道院や

図55　居酒屋のイメージ。16世紀の木版画。May, p.307.

巡礼教会は一軒ないし数軒の居酒屋を所有していた。巡礼者用であったのだろう。無償歓待というキリスト教精神は、貨幣経済の前に屈服した（図55・56）。

誰が居酒屋を掌握したか

居酒屋成立期には、皇帝、諸侯あるいは司教が居酒屋を開設する権利をもっていた。彼らはそこからいくらかの収入を得ていた。次第に、彼らは居酒屋開設権を都市や在地の貴族、教会、修道院などに授封（権利を授ける）するようになった。非公認の闇居酒屋も早くから多かった。

貴族や修道院は在地の領主でもあり、自らが公認した居酒屋以外でビールやワインを領民が飲むことを禁じるようになった。また、洗礼、結婚式、葬式後の宴会もここで開催しなければならなかった。これを居酒屋禁制と呼んでいる。バイエルンの居酒屋禁制は一七〇二年まで存続した。こういっ

図 56　居酒屋のイメージ。18 世紀。Spring, p.110.

た特権居酒屋は、ドイツでは「タフェルネ」Taverne と呼ばれた。ラテン語の「タベルナ」に由来する。

また、居酒屋にビールやワインを提供する醸造権も領主が掌握していた。たとえば、バイエルンでは小麦ビールの醸造権と大麦ビールの醸造権があった。領主直営の醸造所が醸造権をもつ場合や誰かに与える場合があったが、いずれにせよ、領内の居酒屋は領主公認の醸造屋からビールを仕入れねばならなかった。このビール禁制は一七九九年まで存続した。禁制のあり方は地域によってさまざまであった。

居酒屋禁制、ビール禁制を免れて営業できた場合も、領主に一定の手数料を支払わなくてはならなかった。また、一定の期間だけ禁制が解かれる場合があった。新酒が出来た時などである。

都市では都市自身が居酒屋禁制や醸造禁制権をもっている場合が多かった。営業の自由が完全に認められるのは、一九世紀前半の封建制の解体を待たねばならなかった。

居酒屋の種類と機能

居酒屋はもともと酒場（酒を飲む）であり、酒屋（酒を売る）であり、食堂であり、食料品店であり、宿泊所でもあった。また、商人の荷を保管する倉庫であり、市場が開催されていない時期の取引所にもなった。さらに、教会同様、金貸しを行う銀行でもあった。都市の居酒屋は売春宿にもなった。

図 57　村の居酒屋 Beck, *Dörfliche Gesellschaft*, p.27.

村の居酒屋はたいてい、多くの土地を所有する富農であった。実際、農業にも従事していた。家畜も多く所有していた。図57は、一八世紀の村の居酒屋である。居酒屋そのものの建物のほかに、納屋と厩が見える。前庭には井戸がある。菜園が柵で囲われている。かなりの財産家であったと推察できる。居酒屋が村の祭りや冠婚葬祭に欠かせないものであったことは前述した通りである。小村では裁判所代わりに使われる場合もあった。

村の居酒屋の一階は、飲み食いする場所（賭け事もおこなう）、踊りをするスペース、ピン倒し（ボーリング）をする場に分かれていた。二階は居酒屋家族の住居であるとともに、宿泊施設でもあった。男女の逢引にも使われていたようである。

小さな居酒屋なら二〜六、大きな居酒屋では一五〜二〇の寝台があった。ひとつの寝台で二人は寝ることができた。納屋や厩で寝る場合もあった。厩は客の馬を泊め、餌を提供するためのものであった。また、借金の担保として差し押さえた家畜を保管しておく場所でもあった（裁判所の機能）。たいていの村で、居酒屋は一、二軒であった。一八世紀になっても、村の居酒屋はどこでもだいたい同じ外観と機能をもっていた。

それに対して、都市の居酒屋は一八世紀に徐々に細分化していった。さまざまな種類の居酒屋があった。宿泊施設や料理を提供する居酒屋のほか、アルコールのみを提供する居酒屋もあった。主に出すアルコールの種類によって、ビール居酒屋、ワイン居酒屋、ブランデー居酒屋などと呼ばれた。店内に椅子のない立ち飲み居酒屋や、通りに面した窓から投げ売りする居酒屋もあった。

ワインやビールの醸造業者が、客に直接小売する場合もあった。醸造業者が、宿泊、料理、宴会を提供できる「完全な」居酒屋の営業権をもっている場合もあった。階層によって訪れる居酒屋が異なる場合もあった。ギルド専用居酒屋、名士が通う居酒屋、学生居酒屋、労働者居酒屋などである。

図 58　19 世紀後半のベルリンのカフェ。May, p.151.

近代都市は細分化していく

カフェがヴェニスに登場したのが一六四七年。客の好きなものを注文できるレストランがパリにできたのが一七八二年。ミュンヘンでは一七〇〇年頃、カフェがはじめてつくられた。カフェやレストランは、最初は上流階級のものとして創設された。これらの施設はアルコールも出したから居酒屋でもある。一九世紀以降はさらに細分化していく。近代は混淆していたものが細分化、専門化していく時代であった。居酒屋が元来もっていた、飲食、宿泊、市場、裁判所、銀行などの機能がそれぞれ独立していった。そして、上流階級も「外」で飲むようになった（図58）。

それでも居酒屋は下品な施設？

居酒屋のイメージは古代から悪かった。下層民の行くところであり、売春宿、盗賊の巣窟といわれた。一八世紀になってもそのイメージはつきまとった。実際、ビールやワインに水を足したり、ひどい場合は有毒物（けし、たばこ）を混入して売った。客を泥酔させたり、毒殺して、財産を自分のものにする輩もいたという。一九世紀になっても居酒屋が政治的暴動、労働者ストライキ、あるいは犯罪の計画をたてる場所に利用された。ちなみに、一六歳以下の子どもに居酒屋で酒を飲ませることを最初に禁止したのはロンドンで、一八三九年のことであった。

中近世のドイツの居酒屋の実態は正直よくわからない。しかし、居酒屋に対して当局が規制をかけたことは法令から知ることができる。

第三節　居酒屋の規制

居酒屋は夜一〇時まで

居酒屋には、飲酒だけでなく賭け事、喧嘩、そして踊りがつきものであった。飲酒や賭け事、あるいは踊りが瀆神行為を誘引するという教会や国家の考えは、バイエルンではすでに一六世紀の法令に見出せる。それらの場としての居酒屋は、瀆神行為の巣窟であった。居酒屋への規制の根幹は、まず、その営業時間を規制することであった。

一七二七年のバイエルンの法令は、ワイン居酒屋が夜通し客を滞在させワインを提供したならば官憲を介入させること、また、一年を通じてカフェ、居酒屋、醸造店、飲み屋の閉店時間は夜一〇時であること、この時間を越えての営業には三〇グルデン以下の罰金を科すと規定している。役人に対しては、閉店時間が遵守されていうかどうかを立ち入り調査するよう命じている。この法令は首都ミュンヘンを対象にしていたが、都市、農村を問わず、同様の法令が他地域にも適用された。

同じくミュンヘンを対象とする一七九八年の法令によれば、従来カフェで夜一一時、醸造店、ビール店で一〇時までに閉店しなくてはならなかった、しかし、カフェではビールも提供しているし、夜の客層はどこでも同じである、したがって今後は、フライナハト＝特別に許可された宴会日は別にして、すべての醸造店、ビール店、居酒屋、カフェは一一時に閉店されるとした。

一七二七年の法令ではカフェも夜一〇時閉店となっているので、この間に修正法令が発布されたのだろう。一八世紀を通じて、居酒屋などの営業時間はミュンヘンで、そしておそらく他の地域でも、夜一〇時までであったことがわかる。

他方、カフェは一一時まで開いていたので、人びとはそこで飲んでいたのだろう。一七九八年に閉店時間を一時間遅らせたのは、現状に少しでも合わせようとした緩和措置かもしれない。

明日の仕事にさしさわりのないように

一七九八年の法令は、これによって酒宴が盛んになるのはとんでもないことで、市民、住民が勤勉に実行された昼間の仕事の後、夜一〇時には、あるいはもっと早くに帰宅するという従来の良き習慣が今後も維持されるよう努めなくてはならないとも述べている。

遅くまでの飲酒が翌日の仕事へ悪影響を与えることを防止しようという意図が明白である。また、居酒屋自身がこの法令を忠実に守れば、軍のパトロールによる客の追い出しを不必要にするだろう、今後、軍のパトロールはいかなる居酒屋にも姿を現さず、それはミュンヘンの二つの主要教区教会の一一時の鐘と、居酒屋主人の強い責任感に取って代わられる、居酒屋は、店の安寧、秩序、道徳に配慮し、とくに乞食が、外国人であれバイエルン人であれ入り込まないように昼夜を問わず注意すること、違反した場合は罰せられる云々、とも規定されている。

ミュンヘンでは規定時間を越えた営業には軍の介入までおこなわれていた。ただ、農村部ではほとんど野放しになっていた。法令は居酒屋の主体的道徳観に期待したのである。「甘い」期待ではあったが。

一七九八年の法令は、ミュンヘンにおける居酒屋が多すぎて公共の害になっているので、半分に減らす必要があるとも述べている。

民衆は賭け事が大好き

居酒屋は賭け事の場であった。一七四七年の法令は、過度な賭け事が一般的になり、経験のない多くの人びとを誘惑するのみならず、家庭の破壊や堕落へと導いていると警告する。さらにそれはあらゆる種類の悪事、窃盗、さらなる刺激、他人を賭け事へ誘うこと、危険な喧嘩、不快な瀆神行為へのきっかけを与えている、そういった堕落した賭け事は、たいていカフェ、居酒屋などで、しばしば夜通しおこなわれている、公共の安寧が乱されるこういった悪行、とくに神の名誉に逆らう無秩序、増大する悪ふざけに、もはや耐えることができないとまで述べている。

そして、たびたび発せられた法令で禁止された事項であるだけになおさらそうであるとして、さいころなどを使用した賭け事をカフェ、居酒屋、その他のおおやけの空間でおこなうことを禁止した。場所提供者、参加者ともに罰金刑を規定した。場所提供者（居酒屋）は初犯で五〇グルデン、再犯で一〇〇グルデンという高額である。第三犯で居酒屋の営業権が剥奪された。

もちろん、ここでも法令は無視された。一七六五年の法令は、賭け事に関する従来の諸法令が無視されているので再度発布されたものである。

ここでも従来の法令同様、悪徳と瀆神の源泉となる賭け事が禁止される一方、身分、人格、資産に相応しい程度の掛け金であればとして、「クンスト」という賭けが公認されている。すべての賭け事を禁止するのではなく、飲酒同様、節度をもった遊びを容認することによって、より大きな悪徳を防止するのが狙いであった。

賭け事への禁令は、その後も一七七〇年代から一七九〇年代にかけて繰り返された。いずれも、賭け事の場として、居酒屋、料理屋、ワイン居酒屋、ビール居酒屋、カフェなどが名指しされた。これらを読むと、バイエルンでは、カフェは上流階級だけのものというイメージはまったくない。

図 59　居酒屋での喧嘩。Schneider, p.169.

図 60　男がナイフを抜いている。Schneider, p.169.

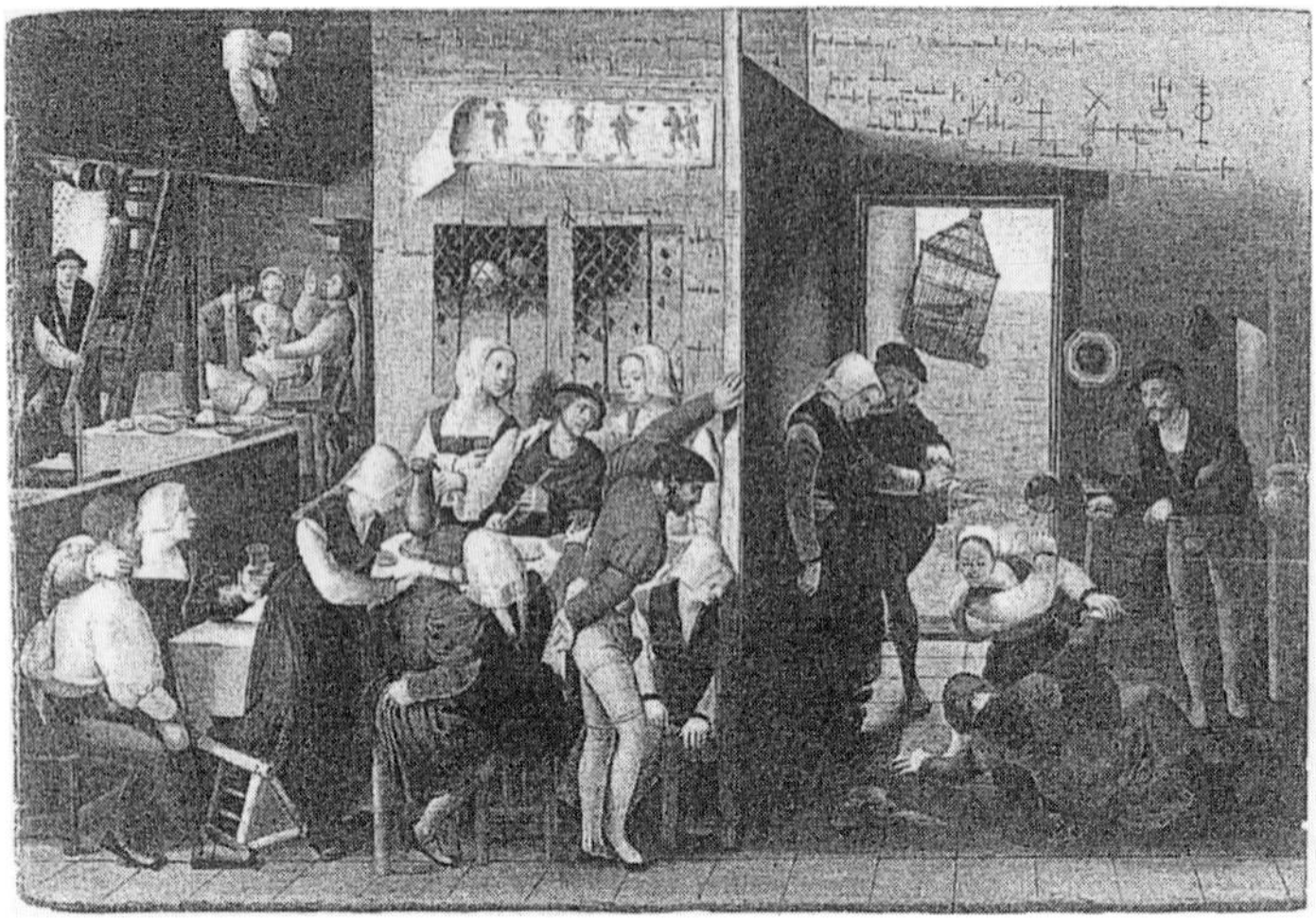

図 61　女同士の喧嘩。Schneider, p.152.

居酒屋での喧嘩は日常茶飯事

飲酒や賭け事は喧嘩の引き金となった。図59・60では男が剣やナイフを抜いている。止めにはいらなければ殺人事件となることもあった。図61では女同士が喧嘩をしている。当時は暴力に男も女もなかった。文字記録もさまざま残っている。例を挙げよう。

バイエルン、一七六一年の一二月のことである。ミュンスター村の寺男アントニー・グラープラーは、ミュンスター村の居酒屋でアントニー・トュルナーという男とトランプを使った賭け事をしていた。彼らは賭けのことで口論となった。寺男はトュルナーに平手打ちを加えた。トュルナーは出血した。これによって、寺男には一グルデンの罰金が科された。

一七九二年六月、イルドルフ村の居酒屋で、ヨーゼフ・ラングとアントン・デンクルがそれぞれの友だちを巻き込んだ喧嘩騒ぎを起こした。きっかけは、デンクルに足蹴にされたとラングがいいがかりをつけたことだった。デンクルは足蹴にした覚えなどなかったので、ラングを侮辱罪で告訴した。二人は証人を連れてきて争ったが、結局真相はわからなかった。要するに皆酔っ払っていて何も覚えていないのだ。判決はデンクルの言い分を認め、侮辱罪が成立した。ラングはデンクルにおおやけに謝罪した。さらに、喧嘩のきっかけを与えたとして、友人とともにそれぞれ三〇クロイツァーの罰金を科された。

居酒屋の喧嘩は日常茶飯事であった。時折、取締りの対象になったが、氷山の一角であった。刑罰も軽い罰金程度のものであった。

図 62　居酒屋での踊り。19 世紀。Fischer, p.69.

踊りは猥褻か

日曜・祭日、人びとは居酒屋に繰り出して大騒ぎをおこなった。そこでは男も女も、老いも若きも一心不乱に踊った。ここにも権力のメスが入る（図62）。

一七八二年、役人に対して、新年、マリアお清め祭、復活祭、キリスト昇天祭、精霊降臨祭、三位一体祭、聖体祭、万聖人祭、クリスマスに、ミュンヘン市および市周辺において踊りをやめさせること、この新しい規定を全居酒屋に周知させることが命令された。命令は翌年も繰り返された。この命令は居酒屋の多いミュンヘンに限定されているが、祭日、とくに礼拝時間中の踊りの禁止は農村にも適用された。

一七九六年の法令は、断食日（カトリックでは通例水曜と金曜）の居酒屋などでの肉食の提供をあらためて禁止するとともに、日曜・祭日の午前中の居酒屋での演奏や踊りによって神が冒瀆されていると述べた。そして、臣民、とりわけこういった機会を提供する全居酒屋に対して、日曜・祭日の午前中から夕べの祈りの後まで（要するに昼間）、ピン倒し（ボーリング）、演奏、踊りを罰則をもって禁止した。初犯で一八グルデン、再犯でその倍、第三犯は居酒屋の営業権の没収であった。この命令を農村部を含むすべての地域に徹底するよう指示された。

しかし、祭日の昼間の踊りの禁止は、民衆にとってとても容認できるものではなかった。肉食の禁止令も効き目がなかった。民衆にとって、祭りは、大いに肉食できる唯一の機会であった。踊りは祭りの花形であった。居酒屋だけでなく戸外でも行われた。なぜ禁止されなくてはならないのか。前述したように、礼拝時間中の踊りもしばしばであったからである。昼間から酒を飲むことも、国家や教会にとって好ましいことではなかった。

また、踊りは若い男女の性的関係を誘発するものであった。女性はしばしば、男性を誘惑するような肌を露にした服装をした。踊り自体も異性を刺激するしぐさを多く含んでいた。現在のワルツも、もともとは民衆の大胆で淫らな踊りが起源であるといわれる。

踊りが若い男女の性的逸脱の誘引となっているという、教会および国家の危惧は、バイエルンでも早くからあった。たとえば一六五四年には、女性が薄着で踊ることを禁止した。一七三五年には一三歳以下の子どもが踊りに行くことを禁止した。一七六〇年の法令には、農民の息子、下僕と農民の娘、女中たちによって、いわゆる「ドイツ・ワルツ」が大はしゃぎと厚かましい身振りで踊られているゆえ、そういった淫らな踊りは禁止されるとある。

日曜・祭日、とりわけ礼拝時間中の飲酒、賭け事、(淫らな)踊りは、国家や教会の論理に従えば瀆神行為であった。その巣窟が居酒屋であったことが理解される。やはり居酒屋は、知識人や上流階級にとっては下賤な場所であったのだろうか。このイメージが大きく変わるのは、一九世紀の工業社会以降、居酒屋が細分化・専門化し、都市の上流階級が「彼らの居酒屋」で飲むようになってからであろう。

第四節　芸人たち

居酒屋と芸人

あらゆる種類の芸人が居酒屋を中心に活躍した。芸人にとって居酒屋は、日本でいえば演芸場であった。

楽師、熊使い、皿回し、踊り子、歌手などなど。楽師には盲人も多かった（図63）。日本の琵琶法師のごときである。現在でも、ヨーロッパを旅すると都市の広場などで芸人の伝統を目にすることができる。

居酒屋が規制の対象ならば、芸人たちも規制の対象であった。喜劇役者、手品師、綱渡り師、踊り子などの芸人に対する国家の規制は、すでに一七世紀初頭のバイエルンの法令に見られる。一八世紀後半になると規制はいっそう強化された。

図63　盲人楽師。17世紀。Schneider, p.75.

一七八二年の法令は、国境・通行税官吏が先に発せられた禁令に反して、外国からの演奏家、熊使い、らくだ使い、影絵芝居屋などの、単に乞食をして民衆の負担になっている不埒な輩を入国させている、それゆえそういった輩が熊、猿、らくだ、服を着た犬、マーモット、その他の特別風変わりな動物を連れていたり、陳列箱やあらゆる種類の見世物をもって国境に現れたら、決して入国させてはならないと命令した。ただし、法的許可書を携帯している芸人は例外とされた。

貧乏芸人は物乞い同然の輩で、それによって風紀が乱れるというのが国家の認識であった。一七九二年の法令は、地方当局が貧困で怠惰な、そして多くは独身の青年に簡単に「演奏特許状」（これを取得すれば、居酒屋などでの演奏が許可された）を与え、それによって若者が有益な営業、畑仕事から身を遠ざけ、その結果、夜の飲酒、騒動、その他の悪い習慣を身につけ、仕事知らず、怠け者として市町村や国家のお荷物となっているゆえ、各当局は「演奏特許状」の付与を慎重におこなうよう呼びかけている。

放浪演劇団に対しても、一七九六年、「上演特許状」なき演劇団の上演は許可しないよう、地方当局に命令を出した。

一七九八年の法令は、都市、市場町、村々において放浪喜劇役者や在地の住民によって上演されてきた演劇はたいていいかがわしい笑劇であり、それによって時間の無駄、生業の怠慢、不必要な出費、乱行が引き起こされ、臣民が危険で間違った道へ誘引されているとして、あらゆる演劇を、ミュンヘンなどの州都（四都市あった）は例外として禁止した。違反者は罰せられ、そういった喜劇に、おおやけであれ黙認であれ許可を与えた在地当局に対しても罰金が科されると命令された。

これは非常に急進的な法令である。祭日に数多く催された演劇の全面的禁止の命令だからである。民衆によって催された喜劇風の受難劇や民衆劇も禁止の対象となっており遵守されることはなかった。

ミュンヘンなどの大都市が例外となったのは、宮廷や貴族お抱えの芸人がいたからである。彼らは芸人のエリートであり、一九世紀になると「アーティスト」と呼ばれるようになる。モーツァルトもバッハももとは芸人であったのだ。

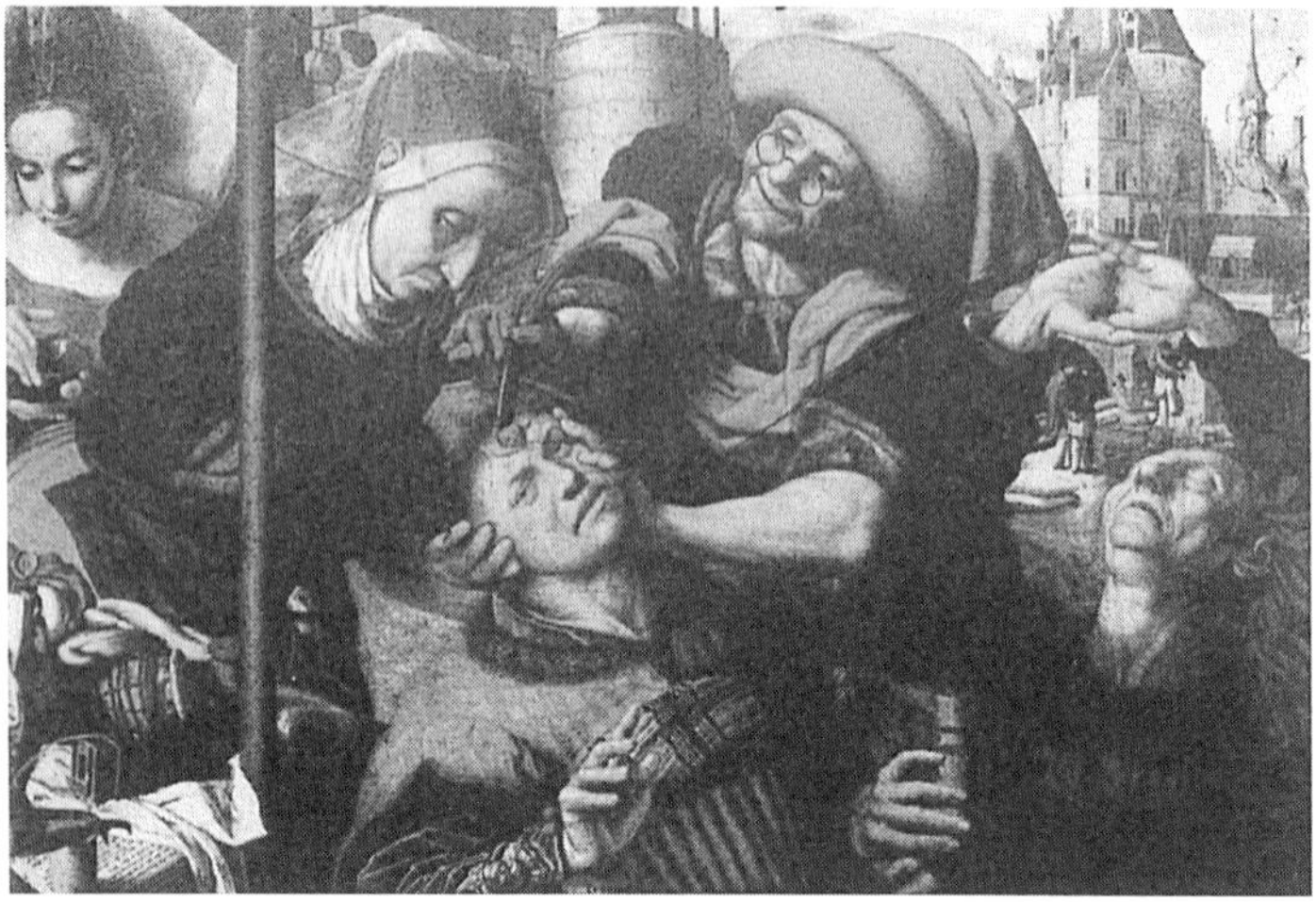

図 64 「外科医」。Schneider, p.184.

芸人と医療行為

芸事は、しばしば医療行為と結びついていた。図64の絵を見てほしい。眼鏡をかけた「外科医」が、青年のおでこを切っている。何かの腫瘍でも切除しているのか。彼は母親に頭を支えられている。右隅では父親が祈っている。左隅にみえる少女は「看護師」で、塗り薬を調合している。「外科医」は大学出の医者ではない。当時は風呂屋が外科的治療をおこなっていたが、芸人も同様であった。というより治療行為そのものが「芸」であった。

その代表が抜歯屋である。図65には、壇上で今抜いた歯を示す抜歯屋が描かれている。観客に自分の「芸」を誇示しているのである。下には「芸」を賞賛する子どもたち。こういった「いんちき医者」を、知識人は早くから警戒していた。図66の抜歯屋の後ろに旗がかかっている。そこには脱糞する絵が描かれている。この抜歯屋がいんちき医

図 65　抜歯屋。Schneider, p.182.

者であることを風刺したものである。

いんちき医者を追放せよ

一七七八年の法令は、以前から禁止されているにもかかわらず、「森のヘンゼル」「歯医者」(抜歯屋)などと呼ばれる連中、さらに絵売りや(女)歌手が再び増加し始め、都市でも農村でも、教会

図 66　いんちき医者。Schneider, p.180.

堂聖別記念祭やその他の祭りの市に現れては、有害な薬を売っている、「森のヘンゼル」や「歯医者」は信じやすい民衆に大きな損害と事故を与えている、こういった悪行は道徳国家ではもはや許されないことであるとして、絵売り、歌手、「森のヘンゼル」「(歯) 医者」などの不愉快な露店商売、および彼らによる「薬売り行為」を全面的に禁止した。

歌手が薬を売るというのは奇妙に思われるかもしれないが、当時の芸人は複数の芸事を備えていた。「薬売り」や「医療行為」もその一つであった。「森のヘンゼル」は、後で出てくる「根堀人」や「森人」同様、森にある薬草の知識を知っていた連中なのであろう。彼らの呼び名は地域によってさまざまであった。

翌年の追加法令は、「油売り」と呼ばれる薬の行商人にも同様の禁止令を適用し、彼らの国外退去を命じた。当時、何かの油を薬としていたことがわかる。

法令から実態が透けてみえる。いわゆるアカデミズムの医学や薬学が社会に浸透する以前は、こういったさまざまな芸人のもたらす薬や医療行為が、とりわけ農村部において大きな役割を担っていたのである。

当時は、医と芸が混淆していた。医と芸の分離は、一九世紀後半以降の近代化を待たねばならない。

獣医が人もみる

「農村医者」「根堀人」「森人」による、人間への医療行為は厳しく禁止されていた。ただ、彼らの生計のため、人間には薬を売ったりしないという制限つきで獣医行為だけは認められてきた。しかし現実には、「農村医者」が禁止を無視して公然と、あるいは秘密裏に、家畜の薬の他に人間用のさまざまな薬を売っていた。妻子、馬、荷車を伴って農村部、とくに辺鄙な場所を徘徊していた。

一七八三年には以下の命令が下された。今後こういった有害な輩に獣医行為の許可状を付与してはならない、彼らが他の名誉ある生業につくよう指示すること、もし彼らが行商で家畜や人間用の薬を売ったり治療行為をおこなったりしたら、労役所に送ること、公共の、とりわけ農村の人びとの福利を目的としたこの規定を通常通り周知させ、すべての役人は「農村医者」に目を光らせ、違反した場合は彼らを召喚し、彼らから獣医行為許可状を取り上げ、労役所へ送還せよ云々。

ヨーロッパは牧畜社会である。家畜の病気は農民にとって死活問題であった。もちろん、現在のような正式の獣医など存在しない。農民たちは諸国回りの「いんちき医者」に頼ったのである。実際、彼らは薬草の知識に長けていたので、快復することもあった。当局も家畜への「医療行為」は許さざるをえなかった。ただ、人間への医療行為は別であった。一八世紀の啓蒙主義は、さすがにそれを黙認できなかった。とはいっても、それに代わる大学出の医者を農村に配置することはできなかった。だから農民は「いんちき医者」に頼らざるをえなかった。

芸人による民間医療行為は、おもに人が集まる祭日におこなわれた。教会の境内で催されることもあった。あるいは教会前の市場が芸人の活動の場となった。医療行為が居酒屋でおこなわれれば、居酒屋は「病院」であった。

かくして、啓蒙の論理に従えば迷信以外の何物でもなかった民間医療が、農民の生活世界ではまだ現実に機能していた。

違反の実例

居酒屋の法令違反に関してある領主裁判所の記録を読んでみたが、そこには取締りの形跡がほとんどない。国家の法令は出たけれども、現場ではそれほど取り締まらなかった可能性が大きい。居酒屋が夜遅くまで営業していた、あるいはそこで飲んでいたため、罰金が科された判例は若干ある。

一七六一年の聖木曜日、ザルフェンモーザー、ラウファー、グリューネンヴァルトの三人は、夜一時までザンディツェル村の居酒屋で飲んでいた。ザルフェンモーザーは当地に滞在していた軍隊の二人と賭け事をした。ザルフェンモーザーには三グルデン、ラウファーとグリューネンヴァルトにはそれぞれ一グルデンの罰金が科された。

夜一時まで飲んでいたというのは、この時刻に裁判所の岡っ引が踏み込んだのだろう。そうでなければもっと遅くまで飲んでいたはずである。また、賭け事の罰金が少し高くなっている。

一七六一年三月の日曜日、マルツハウゼン村の居酒屋主人シュライダーは、許可なく楽隊を演奏させた。裁判所によれば、教会堂聖別記念祭（村のカーニヴァル）以外は認められておらず、そのことは居酒屋主人も知っていたし、岡っ引が注意したにもかかわらず深夜まで店を開けていた。罰金四グルデンが科された。

一七二七年の法令によれば、規定時間を越えての営業は三〇グルデン以下の罰金、一七四七年法令では、賭け事の場所提供者には初犯で五〇グルデンと規定されている。

前者の判例には居酒屋主人への罰金が記されていないが、後者の四グルデンは法令に照らせば安い。客への罰金は裁判所の裁量に任されていた。以下も、ザンディツェル村および周辺の農村の判例である。

一七六一年の聖カタリーナ祭に夜一時まで飲んでいた客二人に、それぞれ一グルデンの罰金。両者は喧嘩もしている。喧嘩は刑事罰の対象であった。

一七六五年五月の日曜日、夜一時まで飲んでいた客三人に二三クロイツァー、居酒屋主人に三〇クロイツァーの罰金が科された。

一七七三年一二月一七日、二年間にわたり規定時間を一時間越えて営業していた居酒屋に一五クロイツァー、常連客に八クロイツァーの罰金が科された。

クロイツァーはグルデンの下の単位で、六〇クロイツァーで一グルデンであった。換算は難しいが、一グルデンは現在の日本の千円くらいである。

伝統的居酒屋文化の衰退

一八世紀の物価や給金はいくら程度であったのか。それによって罰金の重みが変わってくるだろう。当時の石工や大工の親方の日給が二分の一グルデン＝三〇クロイツァー程度（五〇〇円）、日雇い労働者では一六クロイツァー程度（二七〇円）であったという記録がある。一グルデンの罰金（千円）は、それに照らせば決して安かったとはいえない。

熟練した手工業職人なら、一週あたり八グルデン（八千円）程度稼ぐことができた。使用人は一年一五グルデン程度（一万五千円）で雇うことができた。ただ、使用人は住み込みだから日々の糧には困らなかった。下級官吏の年収は二〇〇～三〇〇グルデン（二〇万～三〇万円）、高級官吏は一〇〇〇グルデン（一〇〇万円）以上、ラテン語学校の教師が三〇〇～六〇〇グルデン（三〇万～六〇万円）、大学教授は六〇〇～一八〇〇グルデン（六〇万～一八〇万円）だったという。

ある都市の例であるが、黒パン五〇〇グラムは三クロイツァー程度（五〇円）で買うことができた。たまご一個も、高くても同額で買うことができた。バターは、夏期で五〇〇グラム約一一クロイツァー（一八〇円）、冬には三〇クロイツァー（五〇〇円）まで高騰した。砂糖五〇〇グラムは三〇クロイツァー（五〇〇円）。酒は、上質ワイン一瓶が一グルデン三五クロイツァー（一五八〇円）、安物ワイン一瓶が一二クロイツァー（二〇〇円）であった。ビール一杯はもっと安かった。

都市に比べれば、農村の物価はもっと安かっただろう。日給二七〇円の日雇い労働者でも、安物ワインやビールなら居酒屋でかなり酔うことができたはずである。

一般に、実際の罰金は法令が定めるよりも安かった。領主と領民は家父長主義的関係にあったから軽減したのだ。しかし、物価や給金と比較すれば、一グルデン（千円）の罰金はかなりの負担であったはずである。裕福な居酒屋ならまだしも、日雇いや使用人にとっては安くなかった。だから実際に罰金を払ったかどうかも疑わしいし、裁判所も容認していたかもしれない。罰金を微収したという記録は残っていない。

一八世紀の法令や取締りが、どれだけ伝統的居酒屋文化の衰退に貢献したのかはわからない。むしろ、一九世紀以降の居酒屋機能の細分化・専門化、さらには居酒屋でおこなわれた祭日・冠婚葬祭の慣習の変化に伴い、徐々に衰退していったというほうが良いのかもしれない。

居酒屋文化規制の意味と現在の居酒屋

伝統的居酒屋文化の規制は、祭りや巡礼の規制とまったく同じ論理であった。自由奔放な民衆文化を圧殺し、道徳的な近代国家へと作り変えることであった。これについては各章で繰り返し説明した。

現在のドイツの居酒屋は、もう宿泊施設を備えてはいない。芸人が登場することもめったにない。宿泊はホテルが担うものとなった。レストランでも酒は飲めるが、居酒屋（ヴィルツハウス、クナイペ）は純粋に酒を飲む場所である。

おわりに

伝統的民衆文化は多様性をもつものである。祭りの種類、冠婚葬祭の方法、どれをとっても地域ごとにさまざまな形態を表出させた。しかし、その機能、構造には共通性がある。火、水、木、塩、香などは悪霊祓いの基本要素であった。名前はさまざまでも、仮面をつけた悪霊（怪物）はそれ自身悪霊を祓う両義性を帯びた。これはなにもドイツ、ヨーロッパに限ったことではない。日本も同様である。マリア像は観音像で、聖水盤は御手洗《みたらい》である。寺の本堂の蝋燭は教会にも灯っている。ドイツのペルヒテはなまはげである。聖体祭行列の豊作祈願は、日本の御幣行列と同様である。通夜や精進落としはドイツにも存在した。民衆文化の構造は、おそらくわれわれ人類に共通している。その表出の仕方が違うだけなのだ。

近代社会は、民衆文化を「迷信」「瀆神」「怠惰」「不道徳」と見なし、その破壊を試みた。「勤勉」で「道徳的」な国家になるためである。

また、民衆文化はカオスである。あらゆるものが混淆していた。聖と俗、芸と医。居酒屋には、飲食、宿泊、取引、銀行などあらゆる機能が混淆していた。昔の聖職者は領主でもあり、農業経営者でもあり、時には作家でもあった。芸人は人びとにあらゆる医療を提供した。キリスト教の祭りと民間習俗、娯楽祭が混淆していた。

近代社会はこの構造を取り壊した。混淆していたものの棲み分けをおこなった。キリスト教、民間習俗、娯楽が混淆していた祭りは、聖なる祭りと民俗祭に棲み分けした。居酒屋はもはや宿泊所や銀行ではなくなった。芸人が医療を担うことはもはやありえない。医療は大学出の医者のものとなった。

このような近代社会の構造は脆弱性を帯びている。われわれは、たとえばパソコンがどういった仕組みで動いているか知っているだろうか。それは一部の専門家にしかわからない。病気の時、どの薬が効くかすぐにわかるだろうか。昔なら、芸人が医療全般を知っていた。あるいは風呂屋が外科的治療をおこなってくれた。だから、ある芸人がいなくなっても、その代わりはいくらでもみつかった。近代社会では、特定の専門家がいなくなったら社会が機能不全に陥る。たとえば電車の運転は、特殊な訓練を受けた人だけに許され、また彼らにしかできない。電車の運転手がすべてこの世界から消えたら、都市機能は麻痺するであろう。かつては、居酒屋も芸人も農民も領主も聖職者も、馬車を自由に扱えた。

多様な民衆文化の衰退は、どこでも同じものを共有する均一的近代文化へと変容した。日本のどこに行っても同じコンビニがあり、同じ弁当を売っている。この均一化は良いことなのか？　均一化と棲み分けはどう関係しているのだろうか？　細分化、専門化された均一的な社会に、われわれは生きているということなのか。

民衆文化と近代社会は対極にあるものである。そして、民衆文化を破壊した近代社会は、ヨーロッパでいち早く成立した。これが「先進国」であるということなのか。

これ以上、答えを模索することはやめよう。本書の意図と私の能力を超えている。

私は怠け者学者であるが、専門はドイツ宗教史ということになっている。民衆の信仰や巡礼の歴史を時折勉強してきた。エリートの教義論争や教会の歴史などは、難しいというより、私にはつまらなく思えた。

調べていくうちに、民間信仰や巡礼は、彼らの日常生活、そして文化の問題であると強く感じるようになった。私は民衆文化に強く惹かれるようになった。そして、民衆文化研究はヨーロッパ近代社会成立の意味を問うまでに発展していった、というのは大げさだろうが。

私がドイツに留学していた一九八〇年代後半、先行していたフランスの影響で、ドイツでもようやく民衆文化を歴史学の対象にしようとする研究者が出始めていた。それまで、この分野はもっぱら民俗学者が研究していた。民俗学は、民衆の伝統的な風俗、慣習、民話、生活様式などを研究する学問で、ヨーロッパには一九世紀前半からの研究史があった。歴史学も一九世紀から大学で本格的に研究されるようになっていたが、政治史が中心であった。それはナポレオンやフリードリヒ大王のような偉人、エリートが織り成す歴史であった。宗教史もルターやカルヴァンといったエリートしか見ていなかった。歴史学、とくにドイツの歴史学界は、長い間、名もなき民衆の歴史を無視していた。だから、私の研究も民俗学の蓄積に大いに負うことになった。

私が高校生の時習ったヨーロッパ近代史は、ルネサンスや宗教改革から始まった。ルネサンス（一四〜一六世紀）はキリスト教に束縛されていた人間の精神を解放し、一五一七年に始まる宗教改革はローマ・カトリック教会の一元支配を崩し、プロテスタント諸宗派を誕生させた。大航海時代と呼ばれるヨーロッパの海外進出や、活版印刷の発明もこの時期である。その後ヨーロッパは、一七世紀から一九世紀にかけて科学革命、フランス革命、産業革命と呼ばれる大変革を経験していく。自由、平等、民主主義、議会制、個人主義、合理主義、理性、科学技術、進歩などの概念が登場したのもこの時期である。こういったヨーロッパ近代史の描き方は、基本的には現在の教科書でも変化はない。しかし、それだけではない、民衆のヨーロッパ近代成立史を知りたかった。

民衆文化は現代の社会にはもはや存在しない。現代の社会にあるのは階層別に均一化された「様式」、というより多様性の許容を装いつつも、全体として均一化された文化である。

参考文献

文書館資料

Stadtarchiv Schrobenhausen:Schloßarchiv Sandizell: A301, B36, B69, B70, B72, B105.

Archiv des Bistums Augsburg:Pfarmatrikeln Sandizell: Rolle 1, Rolle 2.

印刷資料

Ansichtskarte: München,Frauenkirche. Glocken im Südturm. Verlag Schnell/ Steiner, Foto: Roman von Götz Regensburg, 2008.

Ansichtakarte: Trier, Dom. Heiliger Rock. Kunstverlag Peda, Foto: Rita Heyen Passau, 2008.

Atlas zur Kirchengeschichte. Die christlichen Kirchen in Geschichte und Gegenwart. Freiburg u.a., 1987.

Aretz, Erich u.a. (Hg.), *Der Heilige Rock zu Trier. Studien zur Geschichte und Verehrung der Tunika Christi. Trier*, 1996.

Bavaria. Landes-und Voklskunde des Königsreichs Bayern. 1.Band, hrsg. v W.H.Riehl, München, 1860.

Bauer, Robert, *Bayerische Wallfahrt Altötting.* Regensburg, 1998.

Beck, Rainer, *Dörfliche Gesellschaft im alten Bayern 1500-1800.* München,1992.

Beck, Rainer, *Unterfinning. Ländliche Welt vor Anbruch der Moderene.* München, 1993.

Bichler, Albert, *Wie`s in Bayern der Brauch ist.* München, 1994.

Blackbourn, David, *Marpingen*. Oxford, 1993.

Brittinger, Anita, *Die bayerische Verwaltung und das volksfromme Brauchtum im Zeitalter der Aufklärung*. München, 1938.

Burschel, Peter, "Gemalte Kirchenräume in den nördlichen Niederlanden des 17. Jahrhunderts, in: *Zeitsprünge. Forschungen zur Frühen Neuzeit*. Bd.9 (2005), Heft 3/4.

Das Passionsspiel der Gemeinde Oberammergau. Oberammergau,1990.

Den Frieden als Weg. Evangelische Kirchen und Orte der Reformation in Augsburg. Hg. v. Evang.-Luth. Dekanat Augsburg, Augsburg, 2005.

Die Religion in Geschichte und Gegenwart. 7 Bde., Tübingen, 1986.

Etymologisches Wörterbuch des Deutschen. Berlin, 1993.

Fischer, Anke, *Feste und Bräuche in Deutschland*. München, 2004.

Förg, Nicola, *München*. Bielefeld, 2007.

Förg, Heinz-Jürgen/ Hermann Scharnagl, *Wallfahrten heute*. Würzburg, 2000.

Gibbons, Ed, *All Beer and Skittles? A Short History of Inns Taverns*. London, 2001.

Gorys, Erhard, *Lexikon der Heiligen*. München, 1997.

Heidrich, Beate, *Fest und Aufklärung*. München, 1984.

Höllhuber D./ W.Kaul, *Wallfahrt und Volksfrömmigkeit in Bayern*. Nürnberg, 1987.

Hölscher, L., *Geschichte der protestantischen Frömmigkeit in Deutschland*. München, 2005.

Hsia, R.P., *Social Discipline in the Reformation. Central Europe 1550-1750*. London/ New tork, 1992.

Kümin, Beat/ B.Ann Tlusty (edited), *The World of the Tavern. Public Houses in Early Modern Europe*.

Hampshire, 2002.

Kümin, Beat, *Drinking Matters. Public Houses and Social Exchange in Early Modern Central Europe*. New York, 2007.

Kaufhold, Martin (Hg.), *Der Augsburger Dom im Mittelalter*. Augsburg, 2006.

König, Stefan, *Altötting. Stadtführer*. Altötting, 2008.

Kunst, Manfred, *Neue Feste und alte Bräuche in Norddeutschland*. Hamburg, 2006.

Lexikon der Wallfahrtsorte. Paderborn, 2006.

May, Herbert/ Andrea Schilz (Hg.), *Gasthäuser. Geschichte und Kultur*. Petersberg, 2004.

Mitterwieser, *Alois, Geschichte der Fronleichnamsprozession in Bayern*. München, 1930.

Phayer, Fintan Michael, *Religion und das Gewöhnliche Volk in Bayern in der Zeit von 1750-1850*. München, 1970.

Religiöse Zentren Bayerns (eine Flugschrift, Altötting, 2009).

Riepl, Reinhard, *Wörterbuch zur Familien- und Heimatforschung in Bayern und Österreich*. Waldkraiburg, 2004.

Rohr, Christian, *Festkultur des Mittelalters*. Graz, 2002.

Schneider, Nobert, *Geschichte der Genremalerei. Die Entdeckung des Alltags in der Kunst der Frühen Neuzeit*. Frankfurt a.M., 2004.

Seit 1903 Liturgischer Kalender 2005. B.Kühlen Verlag.

Shimoda, Jun, *Volksreligiosität und Obrigkeit im neuzeitlichen Deutschland*. Tokio, 2004.

Spring, Ulrike, u.a., (Hg.), *Im Wirtshaus. Eine Geschichte der Wiener Geselligkeit*. Wien, 2007.

Statistisches Bundesamt (Hg.), *Statistisches Jahrbuch 2006 für die Bundesrepublik Deutschland*. Wiesbaden, 2006.

Teufl, Werner/ Otto Walser, *Landgasthäuser. Fest, Bräuche, Gaumenfreunden*. München, 2005.

Weber-Kellermann, Ingeborg, *Saure Wochen Frohe Feste. Fest und Alltag in der Sprache der Bräuche*. München, 1985.

Zerbe, Renate Maria, *Christliche Feste und Bräuche im Kirchenjahr*. Kempen, 2008.

アリエス、フィリップ『死と歴史』みすず書房、一九八三年。

飯田操『パブとビールのイギリス』平凡社、二〇〇八年。

植田重雄『ヨーロッパの祭りと伝承』講談社、一九九九年。

ウルセル、レーモン『中世の巡礼者たち』みすず書房、一九八七年。

海野弘『酒場の文化史』東京創元社、一九九七年。

オーラー、ノベルト『巡礼の文化史』法政大学出版局、二〇〇四年。

懐徳堂友の会編『道と巡礼』和泉書院、一九九三年。

喜安朗『パリの聖月曜日─一九世紀都市騒乱の舞台裏』平凡社、一九八二年。

倉本長治『道鏡と居酒屋─エピソード商人史』人物往来者、一九六七年。

『現代カトリック事典』ジョン・A・ハードン編著、エンデルレ書店、一九八二年。

五来重『遊行と巡礼』角川書店、一九八八年。

今野國雄『巡礼と聖地』ペヨトル工房、一九九一年。

佐藤清隆『イギリスの近代化と居酒屋の世界』平成一〇‐一二年度科学研究費補助金基盤研究（C）（二）研究成果報告書、二〇〇一年。

下田淳『ドイツ近世の聖性と権力──民衆・巡礼・宗教運動』青木書店、二〇〇一年。

――「一八世紀後半・一九世紀前半ドイツにおける国家・教会・民衆宗教」『歴史学研究』八二〇号、二〇〇六年。

――「ザンディツェル・一八世紀後半バイエルンのホーフマルク構造とホーフマルク裁判所の温情主義」『メトロポリタン史学』二号、二〇〇六年。

――「一九世紀ドイツ・バイエルンの祝祭日規制政策と民衆信仰」『歴史評論』六九〇号、二〇〇七年。

――「序論・一八世紀後半ドイツ・バイエルン農村の人間関係」『宇都宮大学教育学部紀要』五七号、二〇〇七年。

――「一八世紀ドイツある粉挽き屋の人間関係と村共同体」『宇都宮大学教育学部紀要』五八号、二〇〇八年。

――「啓蒙と瀆神のはざまで――一八世紀ドイツ・バイエルンの宗教をめぐる国家の論理と民衆文化」伊藤定良／平田雅博編『近代ヨーロッパを読み解く』ミネルヴァ書房、二〇〇八年、第五章。

――「ドイツの巡礼にみる伝統と近代」『歴史と地理　世界史の研究』二一九、二〇〇九年。

柴田三千雄他（編集）『民衆文化』（シリーズ世界史への問い6）岩波書店、一九九〇年。

シュミット、ジャン・クロード『中世歴史人類学試論』刀水書房、二〇〇八年。

『巡礼の構図』NTT出版、一九九一年。

玉村豊男（編）『酒場の誕生』紀伊国屋書店、一九九八年。

ダンカー、ウーヴェ『盗賊の社会史』法政大学出版局、二〇〇五年。

デュプロン、アルフォンス編著『サンティヤゴ巡礼の世界』原書房、一九九二年。

デュルメン、R・v・『近世の文化と日常生活三：宗教、魔術、啓蒙主義――一六世紀から一八世紀まで』佐藤正樹訳、鳥影社、一九九八年。

永田久「世界の暦」『クロニック世界全史』講談社、一九九四年。

パイヤー、H・C・『異人歓待の歴史』ハーベスト社、一九九七年。

芳賀日出男『日本の民俗』（上）クレオ、一九九七年。

バーク、ピーター『ヨーロッパの民衆文化』人文書院、一九八八年。

バッハフィッシャー、マルギット『中世ヨーロッパ放浪芸人の文化史』明石書店、二〇〇六年。

バロッハ、フリオ・カロ『カーニバル』法政大学出版局、一九八七年。

ビーリッツ、K・H『教会暦』教文館、二〇〇三年。

ブリュフォード、W・H『一八世紀のドイツ』三修社、二〇〇一年。

ベーン、マックス・フォン『ドイツ一八世紀の文化と社会』三修社、一九八四年。

マルケ、レオン他『ヨーロッパの祝祭』河出書房新社、一九九六年。

歴史学研究会編『巡礼と民衆信仰』青木書店、一九九九年。

索　引

サ行

タ行

■著者紹介

下田　淳（しもだ・じゅん）

埼玉県生まれ。

1988年　青山学院大学大学院博士後期課程（歴史学）退学。

1990年　ドイツ・トリーア大学歴史学科退学。

博士（歴史学）

現　在　宇都宮大学教育学部教授。

著　書　『ドイツ近世の聖性と権力——民衆・巡礼・宗教運動』青木書店、2001年。

『歴史学「外」論——いかに考え、どう書くか』青木書店、2005年。

『居酒屋の世界史』講談社現代新書、2011年。

『ヨーロッパ文明の正体——何が資本主義を駆動させたか』筑摩選書、2013年。

『「棲み分け」の世界史——欧米はなぜ覇権を握ったのか』NHKブックス、2014年。

『世界文明史——人類の誕生から産業革命まで』昭和堂、2017年など。

ドイツの民衆文化——祭り・巡礼・居酒屋

2009年11月20日　初版第1刷発行
2019年 2月20日　初版第2刷発行

著　者　下　田　　淳
発行者　杉　田　啓　三
〒607-8494　京都市山科区日ノ岡堤谷町3-1
発行所　株式会社　昭　和　堂
振替口座　01060-5-9347
TEL（075）502-7500 / FAX（075）502-7501

印刷　亜細亜印刷

ISBN 978-4-8122-0953-0